Holger Barkhau

Hilfe zur Entwicklung

Jugendberatung als eigenständiges
Angebot der Kinder- und Jugendhilfe

Bibliografische Information der Deutschen Nationalbibliothek:

Die Deutsche Nationalbibliothek verzeichnet diese Publikation in der Deutschen Nationalbibliografie; detaillierte bibliografische Daten sind im Internet über dnb.dnb.de abrufbar.

Herstellung und Verlag: BoD - Books on Demand, Norderstedt

ISBN 978-3-7543-2200-0

Jeder hat das Recht auf die freie Entfaltung seiner Persönlichkeit, soweit er nicht die Rechte anderer verletzt und nicht gegen die verfassungsmäßige Ordnung oder das Sittengesetz verstößt.

Grundgesetz für die Bundesrepublik Deutschland, Artikel 2

Die Vertragsstaaten sichern dem Kind, das fähig ist, sich eine eigene Meinung zu bilden, das Recht zu, diese Meinung in allen das Kind berührenden Angelegenheiten frei zu äußern, und berücksichtigen die Meinung des Kindes angemessen und entsprechend seinem Alter und seiner Reife.

UN-Kinderrechtskonvention, Artikel 12

Inhalt

Einleitung

Zwei Zahlen:

1977 - in diesem Jahr wurde in Braunschweig im Rahmen eines vom Bund geförderten Modellprojektes eine Jugendberatung ins Leben gerufen - die Jugendberatung bib. **bib** stand und steht auch heute noch für „Beratung und Information für junge Menschen in **B**raunschweig". Die Jugendberatung - damals zunächst lediglich ausgestattet mit einer hauptamtlichen Personalstelle für einen Diplom-Psychologen - war ein neues Angebot eines gemeinnützigen Trägervereins. Dieser Verein mit dem heutigen Namen BEJ („Beratung für Familien, Erziehende und junge Menschen e.V.") war und ist der Trägerverein für drei Erziehungs- und Familienberatungsstellen in Braunschweig und Gifhorn sowie für die Jugendberatung bib. Der hauptsächliche Grund für das neue Beratungsangebot war die Beobachtung, dass Jugendliche und junge Erwachsene nur sehr selten von sich aus eine der Beratungsstellen des Vereins aufsuchten. Dies sollte sich ändern - und dies hat sich geändert: Etwa 450 Jugendliche und junge Erwachsene nahmen in den Vor-Coronajahren jährlich das Angebot der Jugendberatung bib wahr. Nach einem pandemiebedingten Einbruch steigen die Zahlen der Klientinnen und Klienten seit geraumer Zeit wieder an. Knapp zwei Drittel der Ratsuchenden sind weiblich, ein gutes Drittel ist noch minderjährig. Jugendberatung als eigenständiges Angebot der Jugendhilfe wurde und wird benötigt und in Anspruch genommen. Diese Erkenntnis verfestigte sich nach der Modellphase und führte dazu, dass die Jugendberatung bib zu einem festen Bestandteil der Braunschweiger psychosozialen Landschaft geworden ist.

37 Jahre: So lange durfte ich in der Jugendberatung bib mit jungen Klient*innen arbeiten. Diese Aufgabe war für mich Beruf und Berufung, die Beratung junger Menschen war spannend, anregend, wichtig, befriedigend, sinnstiftend - vom ersten bis zum letzten Tag. Nun bin ich in den Ruhestand eingetreten - und meine Beiträge in diesem Buch sind Teil meiner beruflichen Lebensbilanz. Damit verbinde ich die Hoffnung, in anderen Kommunen zu ähnlichen Beratungsangeboten und Settings für junge Menschen ermutigen zu können. Es lohnt sich - für die betroffenen Jugendlichen und jungen Erwachsenen und für die psychosoziale Gesundheit im Gemeinwesen.

Das Thema dieses Werkes ist „Jugendberatung" oder genauer „Beratung von Jugendlichen und jungen Erwachsenen". Welche Angebote der Beratung und Unterstützung benötigen junge Menschen? Welche Rahmen- und Settingbedingungen haben sich bewährt? Was trägt dazu bei, dass junge

Menschen sich von Beratungsangeboten angesprochen fühlen und diese auch in Anspruch nehmen? Wie kann der Vielfalt junger Menschen durch ein flexibles und vielfältiges Unterstützungsangebot Rechnung getragen werden? Diesen Fragen soll nachgegangen werden.

„Hilfe zur Entwicklung" - das ist der Titel dieser Ausarbeitung. Der Titel steht bewusst im Kontrast zur Formulierung in § 27 SGB VIII, nämlich der „Hilfe zur Erziehung". Es geht in diesem Werk um junge Menschen als Subjekte von Veränderung: Menschen, die sich entwickeln wollen, die Ziele, Wünsche, Ansprüche und Träume hinsichtlich ihres Lebens in unserer Gesellschaft haben. Menschen, die auf ihrem Weg auf Widerstände, Probleme und Aufgaben stoßen und bei deren Bewältigung Hilfe und Unterstützung suchen. Diesen jungen Menschen sollten passende Beratungsangebote zur Verfügung stehen, die das Ziel verfolgen, bei der persönlichen Entwicklung Hilfestellung zu leisten - eben „Hilfe zur Entwicklung". Selbstverständlich ist dabei, dass diese „Entwicklungshilfe" zwar auf den einzelnen ratsuchenden jungen Menschen ausgerichtet ist, diesen jedoch immer im Kontext seiner sozialen und gesellschaftlichen Umgebung betrachtet - im Spannungsfeld zwischen individueller Persönlichkeitsentfaltung und sozialer Bezogenheit.

In **Kapitel 1** wird dargelegt, weshalb es sinnvoll und geboten ist, eigenständige Beratungsangebote für Jugendliche und junge Erwachsene vorzuhalten. Dabei wird auch Bezug genommen auf die rechtlichen Vorgaben und Rahmenbedingungen.

Kapitel 2 befasst sich mit der Theorie und der konkreten Praxis von Jugendberatung: Welche Beratungsansätze werden verfolgt, wie funktioniert die Zusammenarbeit im Team, wie können „jugendfreundliche" Zugangsbedingungen hergestellt werden, welche Settingbedingungen haben sich bewährt, welche Angebote sind hilfreich und notwendig, was ist notwendig für eine gute Vernetzung und Öffentlichkeitsarbeit?

In **Kapitel 3** wird auf die Einbeziehung neuer Medien in die Beratungsarbeit mit jungen Menschen eingegangen. Die verstärkte Nutzung des Internet für die Beratung kann die Face-to-face-Beratung nicht ersetzen, sie kann jedoch eine sinnvolle Bereicherung des Beratungsprozesses darstellen.

Schließlich geht es in **Kapitel 4** um eine spezielle Zugangsform zur Beratung junger Menschen: der anonymen Online-Jugendberatung und den mit ihr verbundenen Chancen und Risiken.

Eine Anmerkung noch: An verschiedenen Stellen des Buches werden Klient*innen namentlich erwähnt. Die angeführten Beispiele und Aussagen sind authentisch - die Namen wurden jedoch verändert und die Kontexte nicht dargestellt oder verfremdet, so dass keine Rückschlüsse auf die realen Personen möglich sind.

1. Jugendberatung als eigenständiges Beratungsangebot

1.1 Wozu überhaupt Jugendberatung?

Man stelle sich vor:

Auf einer Kreuzung stoßen zwei Autos zusammen. Um den Sachverhalt zu klären, gibt es die Regel, dass beide Parteien denselben Rechtsanwalt aufsuchen. Der soll dann die für beide beste Lösung herausfinden.

Die Mitarbeiter*innen einer Firma wollen, dass sie nach einem Tarifvertrag entlohnt werden. Außerdem möchten sie einen Betriebsrat wählen. Der Arbeitgeber will Beides verhindern, weil er höhere Kosten und mehr Unruhe im Betrieb befürchtet. Es wird ein/e Mediator*in eingesetzt, der/die die Aufgabe hat, eine von beiden Seiten akzeptierte Lösung zu vermitteln.

Bei Bundesligaspielen wird der Videobeweis wieder abgeschafft. Stattdessen moderiert der Schiedsrichter ein Gespräch zwischen den beiden Mannschaftskapitänen, bis sich alle darauf einigen, ob es nun den Elfmeter gibt oder nicht.

Klingt zu schön, um wahr zu sein. Ist es auch.

Bei Konflikten des Alltags wird selbstverständlich davon ausgegangen, dass es unterschiedliche Perspektiven und Interessen gibt. Es ist auch nicht anrüchig, wenn eine Rechtsanwältin parteilich ist oder ein Schiedsrichter eine Entscheidung aufgrund objektiver Kriterien trifft.

In der Jugendhilfe ist das (noch) anders: Es wird nicht klar formuliert, dass Kinder, Jugendliche und ihre Eltern durchaus sehr unterschiedliche Perspektiven und Interessen haben können. Stattdessen haben Personensorgeberechtigte „bei der Erziehung eines Kindes oder eines Jugendlichen Anspruch auf Hilfe (Hilfe zur Erziehung), wenn eine dem Wohl des Kindes oder des Jugendlichen entsprechende Erziehung nicht gewährleistet ist und die Hilfe für seine Entwicklung geeignet und notwendig ist" (§ 27 SGB VIII).

Die Personensorgeberechtigten haben also den Anspruch auf Hilfe - und die Kinder und Jugendlichen selbst?

Im neuen Kinder- und Jugendstärkungsgesetz ist klar formuliert:

- „Jeder junge Mensch hat ein Recht auf Förderung seiner Entwicklung und auf Erziehung zu einer selbstbestimmten, eigenverantwortlichen und gemeinschaftsfähigen Persönlichkeit" (§ 1 Abs.1 SGB VIII).

- „Jugendhilfe soll zur Verwirklichung des Rechts nach Absatz 1 insbesondere

  1. junge Menschen in ihrer individuellen und sozialen Entwicklung fördern und dazu beitragen, Benachteiligungen zu vermeiden oder abzubauen,

  2. jungen Menschen ermöglichen oder erleichtern, entsprechend ihrem Alter und ihrer individuellen Fähigkeiten in allen sie betreffenden Lebensbereichen selbstbestimmt zu interagieren und damit gleichberechtigt am Leben in der Gesellschaft teilhaben zu können" (§ 1 Abs. 3 SGB VIII).

- „Kinder und Jugendliche haben Anspruch auf Beratung ohne Kenntnis des Personensorgeberechtigten, solange durch die Mitteilung an den Personensorgeberechtigten der Beratungszweck vereitelt würde" (§ 8 Abs.3 SGB VIII).

Seit Inkrafttreten des „Gesetzes zur Stärkung von Kindern und Jugendlichen" (KJSG) vom 3.6.2021 „erhalten Kinder und Jugendliche durch den Wegfall der Voraussetzung des Vorliegens einer Not- und Konfliktlage ... nunmehr einen uneingeschränkten Anspruch auf Beratung der Kinder- und Jugendhilfe auch ohne Kenntnis ihrer Personensorgeberechtigten" (Deutscher Bundestag, Drucksache 19/26107, S.73). „Der bedingungslose Beratungsanspruch ermöglicht somit einen niedrigschwelligen Zugang für Kinder und Jugendliche zur Beratung ..." (ebenda). Weiter heißt es dort: „Der Anspruch nach § 8 Abs. 3 SGB VIII ist grundsätzlich von demjenigen Jugendamt bzw. Träger der öffentlichen Jugendhilfe zu erfüllen, an den sich ein Kind oder Jugendlicher wendet" (ebenda). Ferner wird ausgeführt, „dass der Träger der öffentlichen Jugendhilfe den Anspruch eines Kindes oder Jugendlichen auf Beratung auch mittels Leistungserbringung durch einen Träger der freien Jugendhilfe erfüllen kann" (ebenda). Durch den Abschluss von Vereinbarungen mit Trägern der freien Jugendhilfe „soll der Träger der öffentlichen Jugendhilfe eine niedrigschwellige unmittelbare Inanspruchnahme der Beratung zulassen bzw. ermöglichen" (ebenda).

Hinsichtlich der Beratung ohne Kenntnis der Eltern führen Wiesner u.a. aus: „Wie bisher ist das Recht des Kindes auf Wahrung der Vertraulichkeit persönlicher Informationen (Art. 2 Abs. 1 iVm Art. 1 Abs. 1 GG) mit dem Interesse der PerSorgeBer (*Personensorgeberechtigten, d. Verf.*) an der Kenntnis dieser Informationen (Art 6 Abs. 2 S. 1 GG) abzuwägen (...). Die betroffenen Kinder und Jugendlichen sind in diese Abwägung zwingend einzubeziehen, da es sich auch bei der Information der PerSorgeBer um eine Entscheidung iSd Abs. 1 handelt, an der die Betroffenen zu beteiligen sind. Der Wunsch des Kindes oder Jugendlichen, einen Beratungsprozess unabhängig von den PerSorgeBer durchzuführen, ist als Ausdruck der wachsenden Eigenständigkeit alters- und reifeangemessen zu berücksichtigen.

Vereitelt wird der Beratungszweck nicht nur, wenn dem Kind oder Jugendlichen negative Reaktionen ihrer Eltern oder anderer PerSorgeBer (Personensorgeberechtigten) drohen, sondern idR auch dann, wenn das betroffene Kind bzw. der/die Jugendliche den Beratungsprozess nach der Offenlegung nicht weiterführen würde, obwohl ein entsprechender Bedarf besteht. Der Bedarf wiederum ist wesentlich nach der subjektiven Einschätzung zu bestimmen, da der Beratungsanspruch eine Antwort auf die wachsenden Selbstbestimmungsrechte von Kindern und Jugendlichen darstellt (...). Die Bitte um vertrauliche Beratung begründet insofern regelmäßig die Vermutung ihrer Notwendigkeit. Unabhängig davon kann zu einem gelingenden Beratungsprozess auch gehören, über Möglichkeiten zu sprechen, ob und wie Eltern ggf. zu einem späteren Zeitpunkt sinnvoll einbezogen werden können" (Wiesner/Wapler/Wapler, 2022, SGB VIII § 8 Rn. 44, 45).

Im gleichen Sinne erläutern Münder u.a.: „Die Beratung ohne Kenntnis (*der Personensorgeberechtigten, d. Verf.*) ist solange zulässig und kann beansprucht werden, wie das Interesse des Kindes oder des/der Jugendlichen an der Fortsetzung der Beratung unter Wahrung von Vertraulichkeit (Art. 2 Abs. 2 iVm Art.1 Abs. 1 GG) das Interesse der Personensorgeberechtigten (Art. 6 Abs. 2 GG) an der Kenntnis über die Beratung überwiegt. Die beratende Fachkraft ist zu Beginn und während des Verlaufs der Beratung zur Vergewisserung über die Voraussetzungen verpflichtet. Dabei sind die beraterisch-fachlichen Grundsätze bei Aufbau und Erhalt einer Vertrauensbeziehung zwischen dem Kind bzw. dem/der Jugendlichen und der Fachkraft zu achten" (Münder, Meyser, Trenczek, 2022, S. 137). Hinsichtlich des Datenschutzes führen sie weiter aus: „Die in der Beratung bei einem Träger der freien Jugendhilfe vom Kind oder Jugendlichen anvertrauten Daten können grundsätzlich ebenfalls nur mit der Einwilligung des anvertrauten Kindes oder des/der Jugendlichen selbst weitergegeben werden; Kind oder Jugendlicher sind insoweit regelmäßig als einwilligungsfähig anzusehen" (ebenda, S. 138). Analog gilt dies auch für die Datenweitergabe, wenn das Jugendamt selbst die Beratung durchführt: „Bei der Datenweitergabe sind die in der Beratung durch das JA (*Jugendamt, d. Verf.*) vom Kind oder Jugendlichen anvertrauten Informationen regelmäßig nach § 65 besonders geschützt und ist eine Weitergabe an die Eltern nur mit Einwilligung des Kindes oder Jugendlichen zulässig (...)" (ebenda).

Es kann davon ausgegangen werden, dass der Beratungszweck vereitelt würde, wenn in Folge einer Mitteilung an die Personensorgeberechtigten ein Beratungsabbruch, konflikthafte familiäre Auseinandersetzungen oder eine Kindeswohlgefährdung zu erwarten wäre. Insofern steht sowohl die Offenbarung der Tatsache als auch der Inhalte einer Beratung unter dem Vorbehalt der Einwilligung des betroffenen jungen Menschen.

Sicherlich gibt es auch Situationen, in denen die Personensorgeberechtigten von der Beratung - unter Umständen auch gegen den Willen des jungen Menschen - in Kenntnis gesetzt werden müssen. Dies trifft zum Beispiel im Zusammenhang mit Kindeswohlgefährdung (z.B. bei Suizidgefahr oder sexuellem Missbrauch) zu, wenn unmittelbarer Handlungsbedarf besteht. In diesen Fällen ist es wichtig, gegenüber dem/der Jugendlichen offen und transparent zu sein und in verständlicher Form zu begründen, weshalb der unmittelbare Handlungsbedarf besteht. In der Bundestagsdrucksache heißt es in diesem Zusammenhang: „Unberührt bleiben die rechtlichen Vorgaben, wonach sämtliche Maßnahmen, die nach der Beratung zu ergreifen sind (weitere Gespräche, Leistungen, Inobhutnahme), nur mit Kenntnis der Personensorgeberechtigten bzw. deren Beteiligung erfolgen dürfen, soweit dadurch der wirksame Schutz des Kindes nicht in Frage gestellt wird" (Deutscher Bundestag, Drucksache 19/26107, S.73).

Leider spiegelt sich die neue rechtliche Festlegung und die nun erfolgte Stärkung der Rechte von Kindern und Jugendlichen bisher noch nicht im entsprechenden Beratungsparagrafen ab. Hier wird weiterhin nicht zwischen den unterschiedlichen Perspektiven der Beteiligten unterschieden:

„Erziehungsberatungsstellen und andere Beratungsdienste und -einrichtungen sollen Kinder, Jugendliche, Eltern und andere Erziehungsberechtigte bei der Klärung und Bewältigung individueller und familienbezogener Probleme und der zugrunde liegenden Faktoren, bei der Lösung von Erziehungsfragen sowie bei Trennung und Scheidung unterstützen. Dabei sollen Fachkräfte verschiedener Fachrichtungen zusammenwirken, die mit unterschiedlichen methodischen Ansätzen vertraut sind" (28 SGB VIII).

Die Negierung potentiell unterschiedlicher Interessen und Perspektiven zwischen den Personensorgeberechtigten einerseits und den von Erziehung betroffenen Kindern, Jugendlichen und jungen Erwachsenen andererseits und die Ideologie von „Familie", die einem besonderen gesetzlichen Schutz unterliegt und gleichsam als eine Einheit betrachtet wurde und wird, haben dazu geführt, dass in der Jugendhilfe in der Regel nicht zwischen Hilfeangeboten für Eltern einerseits und ihren Kindern andererseits unterschieden wird. Entsprechende Beratungseinrichtungen tragen immer noch die Bezeichnung „Erziehungsberatung", deren Dachorganisation nennt sich immer noch „Bundeskonferenz für Erziehungsberatung". Auch die Benennung der Beratungsstellen als „Beratungsstellen für Familien, Kinder und Jugendliche" verändert nichts an der grundsätzlichen Perspektive, dass sich die Beratungsangebote vornehmlich an die Personensorgeberechtigten richten. Kinder und Jugendliche dürfen zwar auch eigenständig ohne Beteiligung ihrer Eltern kommen, aber in der Realität der Beratungsarbeit ist dies eher die Ausnahme als die Regel. „Erziehungsberatung" ist die Überschrift des § 28 SGB VIII. Es geht um Erziehung von Kindern und Jugendlichen, nicht um Parteilichkeit, Interessenvertretung und Unterstützung bei der selbstbestimmten Persönlichkeitsentwicklung.

Auch wenn der Begriff „Jugendberatung" im SGB VIII an anderen Stellen vorzufinden ist, nämlich im eher präventiven Kontext von „Jugendarbeit" (§ 11) und der „Allgemeinen Förderung der Erziehung in der Familie" (§ 16), so fehlt er doch dort, wo es um die konkrete „Hilfe zur Erziehung" (§ 27 ff) geht - in den Fällen, wo „eine dem Wohl des Kindes oder des Jugendlichen entsprechende Erziehung nicht gewährleistet ist und die Hilfe für seine Entwicklung geeignet und notwendig ist" (§ 27 Abs. 1 SGB VIII). Leider wurde die elternzentrierte Perspektive mit der Fokussierung auf den Begriff „Erziehungsberatung" bei der Reform des SGB VIII beibehalten. Eine offenere Formulierung, die stärkeres Gewicht auf die jungen Menschen als das Subjekt von Hilfeangeboten legt, wäre hier hilfreich gewesen, wie zum Beispiel der Titel „Beratung für Eltern und junge Menschen" in § 28 SGB VIII.

Im SGB VIII wird die Perspektive deutlich, um die es geht: „das Recht des jungen Menschen auf Förderung seiner Entwicklung und auf Erziehung zu einer selbstbestimmten, eigenverantwortlichen und gemeinschaftsfähigen Persönlichkeit" (§ 1 Abs. 1 SGB VIII). Es geht also nicht in erster Linie um das Recht auf Erziehungsberatung, sondern um ein Recht von Kindern und Jugendlichen auf Persönlichkeitsentwicklung. Es geht um Hilfe zur Entwicklung.

Diesem Recht wird bisher in der bundesdeutschen Wirklichkeit der Jugendhilfe noch zu wenig Rechnung getragen. Das Recht auf Beratung und Unterstützung wird häufig noch als ein Elternrecht verstanden. Kinder, Jugendliche und junge Erwachsene werden nicht als eigenständige Subjekte mit eigenen Interessen, Bedürfnissen und Wünschen wahrgenommen, sondern als Objekte von Erziehung. Sie sollen erzogen, ausgebildet und für die Gesellschaft kompatibel gemacht werden. Auf diesem Weg bietet die Gesellschaft den Eltern Unterstützung in Form von „Hilfe zur Erziehung" an:

Die Erziehung steht hier im Vordergrund, nicht die Selbstbestimmung und Eigenverantwortlichkeit des jungen Menschen. Angesichts dessen ist es kein Wunder, dass junge Menschen eine „Erziehungsberatungsstelle" oder eine „Beratungsstelle für Familien, Kinder und Jugendliche" nicht in erster Linie als ein Beratungsangebot für ihre Interessen, Bedürfnisse und Sorgen wahrnehmen, sondern als eine Institution für ihre Eltern. Erwachsene Berater*innen bieten ihre Dienste den erwachsenen Eltern an. Kinder und Jugendliche dürfen zwar auch kommen, werden aber in der Praxis häufig von ihren Eltern (mit-)gebracht oder geschickt. Beratungsanlässe sind meist Auffälligkeiten der Kinder und Jugendlichen, Erziehungsprobleme der Eltern oder Aufträge der Schulen und anderer Institutionen, seltener die selbst formulierten Nöte und Sorgen der betroffenen jungen Menschen. Unter diesen Voraussetzungen wundert es nicht, wenn gerade Jugendliche sich schwer damit tun, die Beratungsangebote einer „Erziehungsberatung" anzunehmen.

Der Ansatz, Beratungsstellen zu unterhalten, die sich gleichzeitig an Personensorgeberechtigte und an Kinder, Jugendliche und junge Erwachsene wendet, berücksichtigt zu wenig, dass es gerade in der Pubertät zu massiven Spannungen und Konflikten zwischen den Jugendlichen und ihren Eltern kommen kann. Konfliktthemen wie das morgendliche Aufstehen, die schulische Karriere, der Umgang mit Peers, die Ausgangszeiten, der Konsum von Alkohol und Drogen sind eher die Regel als die Ausnahme in Familien. Jugendliche erleben ihre Interessen häufig als konträr zu denen ihrer Eltern. Erziehung wird häufig eher als Bedrohung der eigenen Autonomiewünsche denn als Unterstützung empfunden. Jugendliche wollen in der Adoleszenz häufig nicht „erzogen" werden, sondern ihren Freiraum haben. Sie empfinden „Familie" oft nicht als hilfreiche Lebensgemeinschaft, sondern als Bevormundung und Begrenzung der eigenen Autonomiewünsche. Eltern werden als spießig, einschränkend und besserwisserisch wahrgenommen und nicht als besorgte und hilfreiche Unterstützer. Auch wenn diese Perspektive sicherlich meist subjektiv verzerrt ist und den Motiven der Eltern nicht gerecht wird, ändert dies nichts daran, dass junge Menschen hier nicht selten eine Gegensätzlichkeit zwischen ihren eigenen Interessen und denen ihrer Eltern wahrnehmen.

In der Realität sind die Interessengegensätze zwischen den Jugendlichen und ihren Eltern oft weniger gravierend als in der subjektiven Wahrnehmung der jungen Menschen. Die meisten Eltern wünschen sich, dass ihre Kinder sich sozial und beruflich gut integrieren, mit sich selbst und ihrem Leben zufrieden sind und sich selbst versorgen können. In der Wahrnehmung gibt es jedoch - auch bedingt durch die besonderen Bedingungen der Adoleszenz - häufig erhebliche Unterschiede in der Einschätzung zwischen den Eltern und ihren Kindern, wie sich diese Lebensziele am besten realisieren lassen. Jugendliche fühlen sich von ihren Eltern in ihren Freiräumen beschnitten. Die Bedeutung von Peergroups, Freundschaften und ersten Liebesbeziehungen wird aus ihrer Perspektive nicht adäquat anerkannt. Eltern hingegen machen sich oft Sorgen, dass ihre Kinder den gesellschaftlichen Anforderungen an der Erfüllung von Normen wie schulischem und/oder beruflichem Erfolg nicht entsprechen könnten. Vor diesem Hintergrund kommt es zu einem natürlichen Spannungsfeld, was oftmals dazu führt, dass sich Eltern und ihre jugendlichen Kinder trotz prinzipiell ähnlicher Ziele im Alltag eher in gegensätzlichen Positionen befinden und entsprechende Konflikte haben. Auch wenn dieses im Rahmen der Entwicklungsaufgaben von Eltern einerseits und Jugendlichen andererseits durchaus sinnvoll und wichtig ist (Eltern haben die Aufgabe ihre Kinder zu erziehen, Jugendliche haben die Aufgabe sich von den Eltern zu lösen, sich von ihnen zu emanzipieren und zu eigenständigen Persönlichkeiten zu entwickeln), lässt das bei beiden Seiten nicht gerade das Gefühl entstehen, im selben Boot zu sitzen. Oder es dominiert der Eindruck, zwar im selben Boot zu sitzen, aber in verschiedene Richtungen zu rudern. Das idealtypische Bild von Familie, in der alle Beteiligten ein gemeinsames Interesse eint, hat häufig wenig mit der konfliktgeprägten Wirklichkeit in der Adoleszenz zu tun.

Adoleszenz bedeutet u.a. zunehmende Abgrenzung von den Eltern und verstärkte Orientierung an Peergroups. Das bedeutet auch, dass Perspektiven und Strukturen der Erwachsenenwelt kritisch gesehen werden und die jugendspezifischen Normen und Wertvorstellungen der jeweiligen Subkultur oder Peergroup zunehmend die eigenen Wertmaßstäbe beeinflussen. Eltern sind „uncool" und „peinlich". Aus Perspektive der Jugendlichen sind Eltern die Spaßbremsen, die kein Verständnis dafür haben, was wirklich wichtig ist: die erste Liebe und Erfahrungen mit Sexualität, die Anerkennung im Freundeskreis, das Austesten von Grenzen, die Orientierung an den Normen der jeweiligen Peergroup hinsichtlich der angesagten Kleidung oder Musik, das Experimentieren mit Alkohol oder Drogen. Eltern stehen für Anforderungen an Leistung, für gesellschaftliche Konformität und für Ordnung. Eltern haben den Anspruch Vorbilder zu sein, aber die Elterngeneration ist verantwortlich für Klimakrise, Corona, Kriege, Hunger usw. Aus der Perspektive vieler junger Menschen ist die Elternwelt nicht die Welt, die für sie erstrebenswert ist. Die elterlichen Zielvorstellungen sind häufig nicht die Zielvorstellungen, die Jugendliche von ihrem Leben haben.

Neben dieser aufgezeigten Gegensätzlichkeit gibt es auch das umgekehrte Phänomen: Eltern, die ihren Erziehungsaufgaben nicht angemessen nachkommen (können), die die Freund*innen ihrer Kinder sein wollen, die verunsichert sind und sich den Launen und Stimmungen ihrer Kinder hilflos ausgeliefert fühlen. Besonders häufig ist diese Konstellation bei alleinerziehenden Müttern vorzufinden. Es paart sich Verunsicherung mit einem schlechten Gewissen und der Ängstlichkeit, klare Grenzen und Rahmenbedingungen zu formulieren und durchzusetzen. In diesen Eltern-Kind-Beziehungen mangelt es an den notwendigen Orientierungshilfen und Leitplanken für eine gesunde Entwicklung hin zu einer eigenständigen Persönlichkeit. Im Gegenteil, häufig wird in diesen Fällen die notwendige Ablösung und Distanzierung von den Eltern erschwert.

Familienberatung kann hilfreich sein und zwischen unterschiedlichen Perspektiven vermitteln. Das kann jedoch nur dann funktionieren, wenn Jugendliche die Beratungseinrichtung nicht als eine Institution wahrnehmen, die im Sinne der Interessen ihrer Eltern agiert. Der Gang zur „Erziehungsberatung" oder „Familienberatung" ist für junge Menschen häufig eher bedrohlich. Aus Sicht von Jugendlichen ist die Erziehungsberatung eine Institution für ihre Eltern, von denen sie sich abgrenzen wollen oder deren Interessen sie als nicht kompatibel mit ihren eigenen erleben. Es besteht die Vorstellung, dass sich ihre Eltern Unterstützung bei der Durchsetzung von Erziehungszielen suchen und dass sie selbst „auf Linie" gebracht werden sollen. Dies führt dann eher zu geringer Motivation, wenn nicht gar zu einer mehr oder weniger deutlich formulierten Verweigerungshaltung. Jugendliche wollen häufig nicht erzogen werden.

Ist es da ein Wunder, wenn nur wenige Jugendliche sich aus eigenem Antrieb an eine Erziehungsberatungsstelle wenden? Sie erwarten sich von einer Erwachseneninstitution, die vornehmlich und bereits in ihrem Titel ihre Eltern anspricht, nicht die Unterstützung, die sie sich in ihrer Lebenssituation wünschen oder die sie benötigen.

In diesem Zusammenhang ist es wichtig zu beachten, dass es nicht selten reale Konflikte zwischen jugendlichen Kindern und ihren Eltern gibt - Fälle, in denen die Familie nicht bei der Lösung von Problemen hilft, sondern das Problem selbst darstellt. Gemeint sind Fälle von mangelnder Versorgung und Aufmerksamkeit, körperlicher oder psychischer Misshandlung bzw. Missbrauch sowie Alkohol- oder Drogenmissbrauch der Eltern. Hier geht es auch bei Jugendlichen um die Frage von Kindeswohlgefährdung nach § 8a SGB VIII. Es geht um den Schutz von Jugendlichen und jungen Erwachsenen vor schädigenden Eltern(-teilen). In diesen Fällen ist in der Regel nicht die Familienberatung der Schlüssel zur Problemlösung, sondern die reale Veränderung der Lebenssituation z.B. durch ein (teil-)stationäres Jugendhilfeangebot oder den Umzug in eine eigene Wohnung.

Ein eigenständiges Aufsuchen einer Beratungsstelle, das bei allen Beratungsstellen für Familien, Kindern und Jugendlichen möglich ist und oft sogar durch bevorzugte Terminvergabe realisiert werden kann, wird von jungen Menschen trotz Beratungsbedarfs oder sogar psychosozialer Notlage häufig nicht in Anspruch genommen. Der Titel „Erziehungsberatung" oder „Familienberatung" lässt bei Jugendlichen nicht den Eindruck entstehen, dass diese Institution an ihren Interessen und Bedürfnissen orientiert ist - ob zu Recht oder nicht. Jugendliche möchten als Individuen gesehen und angesprochen werden - nicht als zu Erziehende oder ein Teil von Familie.

1.2 Jugendliche suchen einen eigenen Raum

Jugendliche und junge Erwachsene suchen ein auf ihre Bedarfe ausgerichtetes eigenständiges Beratungsangebot, einen Ort, bei dem im Zentrum stehen. Sie suchen und erwarten Parteilichkeit, Solidarität, Augenhöhe, Hilfe, Unterstützung und Information.

Im SGB VIII wird an unterschiedlichen Stellen auf die Beratung Jugendlicher und junger Erwachsener eingegangen: In § 11 Abs. 3 ist Jugendberatung als ein Schwerpunkt der Jugendarbeit angeführt. In diesem Kontext ist Jugendberatung als ein Instrument der Entwicklungsförderung zu verstehen: „Jungen Menschen sind die zur Förderung ihrer Entwicklung erforderlichen Angebote der Jugendarbeit zur Verfügung zu stellen. Sie sollen an den Interessen junger Menschen anknüpfen und von ihnen mitbestimmt und mitgestaltet werden, sie zur Selbstbestimmung befähigen und zu gesellschaftlicher Mitverantwortung und zu sozialem Engagement anregen und hinführen" (§ 11 Abs 1 SGB VIII).

Kunkel (2014, S. 228) schreibt: „Jugendberatung nach Nr. 6 soll den Jugendlichen eine Anlaufstelle bieten für persönliche Probleme aller Art." Besondere Anforderungen an die Institution und ihre Berater*innen werden an dieser Stelle nicht formuliert.

In § 16 Abs 2 SGB VIII werden im Rahmen der „Allgemeinen Förderung der Erziehung in der Familie" auch „Angebote der Beratung in allgemeinen Fragen der Erziehung und Entwicklung junger Menschen" angeführt. Hier geht es um Information und Psychoedukation, weniger um Beratung Jugendlicher in konkreten Problemlagen.

Anders ist es bei den „Hilfen zur Erziehung" nach § 27 SGB VIII. Auch wenn nur die Personensorgeberechtigten als Empfänger der Hilfe erwähnt werden, geht es hier doch um konkrete Problemlagen und um eine notwendige Hilfe zum Wohl des Kindes oder Jugendlichen und nicht um allgemeine Entwicklungsförderung oder Information.

Nach § 28 SGB VIII sollen Erziehungsberatungsstellen und andere Beratungsdienste und -einrichtungen Kinder, Jugendliche, Eltern und andere Erziehungsberechtigte unterstützen, und zwar bei der Klärung und Bewältigung individueller und familienbezogener Probleme und der zugrunde liegenden Faktoren, bei der Lösung von Erziehungsfragen sowie bei Trennung und Scheidung.

Beratungsangebote sind demnach auch für junge Menschen (und nicht nur für ihre Eltern) vorgesehen. Diese müssen nicht notwendigerweise ausschließlich im Rahmen einer Erziehungsberatungsstelle erfolgen, sondern können auch durch andere Beratungsdienste und -einrichtungen angeboten werden.

In § 28 SGB VIII werden darüber hinaus fachliche Anforderungen an qualifizierte, auf die Bewältigung von Problemen orientierte Beratung formuliert:
1. Es soll sich um Fachkräfte handeln.
2. Diese sollen verschiedene Fachrichtungen vertreten.
3. Sie sollen mit unterschiedlichen methodischen Ansätzen vertraut sein.
Kunkel (2014, S. 363) kommentiert dazu, dass „Erziehungsberatung in einem interdisziplinären Team von Fachkräften zu leisten ist. Diese sollen zudem unterschiedliche methodische Orientierungen mitbringen." Im Unterschied zu Beratungen im Kontext von Jugendarbeit und der allgemeinen Förderung von Erziehung werden für Beratungsstellen im Sinne des § 28 SGB VIII fachliche Standards gefordert, die über die im Rahmen eines Studiums erworbenen Kenntnisse hinausgehen. Ein multidisziplinäres Team mit den

Fachrichtungen Psychologie, Soziale Arbeit, Pädagogik sowie Kinder- und Jugendlichenpsychotherapie gehört nach den „Qualitätsstandards für die Erziehungs-, Familien- und Jugendberatung" *(QS EB, S. 42)* zur Grundausstattung von Beratungsstellen nach § 28 SGB VIII.

In § 41 SGB VIII wird der Anspruch auf Leistungen der Jugendhilfe nach §§ 27 und 28 SBG 8 auch auf junge Volljährige (bis Vollendung des 21. Lebensjahres, in begründeten Einzelfällen auch für einen begrenzten Zeitraum darüber hinaus) erweitert.

Im Kontext dieses Buches ist es naheliegend, „Jugendberatung" als ein Angebot zu verstehen, das sich in erster Linie auf §§ 27 und 28 SGB VIII („Hilfen zur Erziehung") stützt. Nach § 27 S. 3 SGB VIII umfasst diese Hilfe „insbesondere die Gewährung pädagogischer und damit verbundener therapeutischer Leistungen." Darüber hinaus kann Jugendberatung im ganzheitlichen Sinne auch der Entwicklungsförderung (nach § 11 SGB VIII) und der allgemeinen Information (nach § 16 SGB VIII) dienen.

Beratung nach § 28 SGB VIII zeichnet sich (vgl. Kunkel (2014, S. 358ff) u.a. durch Folgendes aus:

- Sie steht auch Jugendlichen und jungen Volljährigen offen.

- Es besteht ein Rechtsanspruch auf Beratungsangebot.

- Sie ist auf die Bearbeitung von besonderen Erziehungsproblemen im Einzelfall ausgerichtet.

- Der Zugang ist niedrigschwellig und bedarf nicht der vorherigen Einschaltung des Jugendamtes.

- Erziehungsberatung kann unmittelbar bei einem Träger der freien Jugendhilfe als Leistung in Anspruch genommen werden (vgl. auch § 36a Abs. 2 SGB VIII).

- Es besteht grundsätzlich Datenschutz - auch gegenüber dem Jugendamt.

Zusammenfassend bleibt festzuhalten:

- Es besteht aus Perspektive junger Menschen Bedarf an eigenständigen Beratungsangeboten für Jugendliche und junge Erwachsene.

- Der Bedarf und die Legitimation eines Angebotes an Jugendberatung lässt sich aus dem SGB VIII ableiten (§§ 11, 16, 27, 28, 41).

- Das Angebot der Jugendberatung kann auch unabhängig von, ohne Kenntnis oder sogar gegen den Willen der Personensorgeberechtigten von jungen Menschen in Anspruch genommen werden (§ 8 Abs 3 SGB VIII).

1.3 Hemmschwellen

„Beratung? - Ich bin doch nicht verrückt!"

„Meine Probleme sind doch gar nichts Besonderes. Ich will nicht denen den Platz wegnehmen, die wirklich Beratung brauchen."

„Ich habe Angst, beim Betreten der Beratungsstelle gesehen zu werden. Es soll keiner mitkriegen, dass ich Beratung benötige."

„Ich bin stolz darauf, dass ich regelmäßig zur Jugendberatung gehe. Das empfehle ich meinen Freundinnen auch."

Vier Aussagen, die deutlich machen, wie unterschiedlich junge Menschen mit dem Thema „Beratung" umgehen können. Obwohl es mittlerweile nicht mehr in dem Maße wie früher tabuisiert ist, sich professionelle Unterstützung in einer Beratungsstelle zu holen, sind diese unterschiedlichen Perspektiven auch heute noch anzutreffen. Es gibt Jugendliche, für die ein Beratungsbedarf ein Zeichen von Schwäche oder Versagen ist. Das gilt besonders für diejenigen, die an sich den Anspruch haben, ihr Leben ohne Unterstützung Dritter meistern zu wollen.

Für Jugendliche, die sich vor sich selbst und vor anderen keine Schwächen zugestehen wollen, ist es beschämend und peinlich, eine Beratungsstelle aufzusuchen. Männliche Jugendliche tun sich in der Regel damit schwerer als weibliche. Frauen fällt es in unserer Gesellschaft immer noch leichter, Schwächen zu zeigen und Hilfebedarf zu signalisieren, während Männer noch häufiger den Anspruch haben, hart und stark zu sein und nicht über ihre Probleme und Sorgen zu sprechen. Verstärkt trifft das auf Jugendliche zu, die einen traditionell patriarchalisch geprägten kulturellen Hintergrund haben. Männliche Jugendliche aus dem osteuropäischen oder arabischen Kulturkreis sind daher besonders schwierig für ein Beratungsangebot erreichbar. Hier spielt sicherlich auch eine Rolle, dass es in ihren Ursprungsländern in der Regel gar keine institutionalisierte Beratungskultur gibt.

Die Akzeptanz und Inanspruchnahme von institutionalisierter Beratung ist abhängig von den Sozialisationsbedingungen, dem kulturellen Hintergrund, dem Geschlecht, dem Bildungsstand und der Reflexionsfähigkeit eines jungen Menschen.

Die jeweiligen Dimensionen können sich gegenseitig verstärken bzw. sich auf der anderen Seite gegenseitig in ihrer Wirksamkeit abschwächen. Im Sinne einer besseren Erreichbarkeit ist anzustreben, mit dem Angebot einer Beratung für Jugendliche und junge Erwachsene besonders aktiv auf diejenigen jungen Menschen zuzugehen, die männlich sind, einen geringen Bildungsstand sowie Migrationshintergrund haben.

1.4 Anforderungen an eine niedrigschwellige Jugendberatung

Auch ohne die aufgeführten hinderlichen Hintergrundbedingungen tun sich Jugendliche und junge Erwachsene teilweise schwer damit, das Angebot einer Beratungsstelle in Anspruch zu nehmen. Immer noch gibt es junge Menschen, die einen Beratungsbedarf mit psychischer Erkrankung assoziieren und die Vorstellung haben, sie müssten in der Beratung „auf die Couch". Es besteht in diesen Fällen eine hohe Hemmschwelle, die eine früh- und rechtzeitige Prävention erschwert.

Durch aufsuchende präventive Angebote, leichte Zugänglichkeit, offensive Öffentlichkeitsarbeit und schnelle, unkomplizierte Erreichbarkeit kann diese Schwelle gesenkt werden. Es geht darum, dass in der sozialen Umgebung der jungen Menschen, in der Schule, in der Peergroup, in Jugendgruppen, im Sportverein usw. das Aufsuchen einer Beratungsstelle nicht als Schwäche, Versagen oder Krankheit angesehen, sondern als Zeichen von Stärke, Aktivität, Mut und Kompetenz betrachtet wird. Das Angebot von Jugendberatung sollte von daher in der Öffentlichkeit auch nicht in erster Linie mit Defiziten, Bedürftigkeit, mangelnder Kompetenz oder Krankheit assoziiert werden, sondern mit Hilfe und Unterstützung bei der persönlichen Entwicklung, mit der Verwirklichung eigener Lebensziele, mit Veränderungswünschen, Kompetenzen und Ressourcenorientierung. Das Aufsuchen eines Beratungsangebotes für Jugendliche und junge Erwachsene sollte als Stärke und nicht als Schwäche wahrgenommen werden. Jugendberatung ist in dieser Perspektive im besten Sinne „Entwicklungshilfe", Unterstützung der jungen Menschen dabei, den von ihnen gewünschten Weg zu gehen und Hindernisse auszuräumen.

In diesem Sinne ist Jugendberatung eine parteiliche Angelegenheit: Die Berater*innen nehmen Partei für die jungen Menschen, die das Beratungsangebot in Anspruch nehmen. Das bedeutet selbstverständlich nicht, dass sie den Ratsuchenden alle Wünsche erfüllen und sie unkritisch bei allem unterstützen, was sie wollen. Es bedeutet jedoch, dass die Jugendlichen und jungen Erwachsenen die „Auftraggeber" der Beratung sind. Ihre Wünsche und Zielsetzungen sind der Maßstab, nicht die Aufträge von Eltern oder Institutionen. Wenn Ziele nicht realistisch oder geplante Wege dorthin nicht praktikabel sind, bleibt es natürlich Aufgabe von Beratenden, ihre jugendlichen Auftraggeber*innen damit zu konfrontieren und für die Berücksichtigung des Realitätsprinzips Sorge zu tragen - immer jedoch im Sinne der Parteilichkeit für den jungen Menschen als Klient*in der Jugendberatung.

1.5 Jugendberatung ja - aber in welchen Altersgrenzen?

Es gibt viele Aspekte, unter denen sich der Begriff „Jugend" fassen lässt (vgl. Berngruber/Gaupp, 2021, S. 10 ff). Jugend ist die Phase zwischen Kindheit und Erwachsensein. So weit, so gut. Aber wann endet die Kindheit und wann beginnt das Erwachsensein? Diese Frage wird aus unterschiedlichen Perspektiven unterschiedlich beantwortet.

Da wir uns im Kontext von Jugendberatung in einem Bereich befinden, der rechtlich durch das SGB VIII bestimmt wird, sind die Grenzen der Zuständigkeit der Jugendhilfe klar bestimmt: § 7 Abs. 1 SGB VIII definiert einen Jugendlichen als jemanden, „wer 14, aber noch nicht 18 Jahre alt ist" und als jungen Volljährigen jemanden, „wer 18, aber noch nicht 27 Jahre alt ist."

Im SGB VIII gibt es unterschiedlich gefasste Altersgrenzen: In § 27 SGB VIII wird die „Hilfe zur Erziehung" für Kinder und Jugendliche geleistet, endet also mit der Vollendung des 18. Lebensjahres. Diese Altersgrenze kann jedoch überschritten werden. In § 41 Abs. 1 SGB VIII heißt es: „Junge Volljährige erhalten geeignete und notwendige Hilfe nach diesem Abschnitt, wenn und solange ihre Persönlichkeitsentwicklung eine selbstbestimmte, eigenverantwortliche und selbständige Lebensführung nicht gewährleistet. Die Hilfe wird in der Regel nur bis zur Vollendung des 21. Lebensjahres gewährt; in begründeten Einzelfällen soll sie für einen begrenzten Zeitraum darüber hinaus fortgesetzt werden." Es wird also deutlich, dass Jugendberatung nach § 28 SGB VIII nicht mit der Volljährigkeit enden muss, sondern mindestens bis zur Vollendung des 21. Lebensjahres andauern kann. Es kann unterstellt werden, dass die Inanspruchnahme von Beratung ein Anzeichen dafür ist, dass diese Hilfeform für die Persönlichkeitsentwicklung geeignet und notwendig ist, denn ansonsten würde sie nicht in Anspruch genommen werden. Auch die Möglichkeit in Einzelfällen noch über die Vollendung des 21. Lebensjahres hinaus Beratungsleistungen in Anspruch zu nehmen, ist mit § 41 SGB VIII gegeben.

Die weiteren Vorschriften des SGB VIII, die auf Jugendberatung Bezug nehmen, lassen ebenfalls eine Altersgrenze über Erreichen der Volljährigkeit hinaus zu: Jugendberatung im Kontext von Jugendarbeit nach § 11 SGB VIII ist ein Angebot für junge Menschen, also per Definition für Menschen, die noch nicht 27 Jahre alt sind (vgl. § 7 SGB VIII). In § 11 Abs. 4 SGB VIII ist sogar geregelt, dass „Angebote der Jugendarbeit (…) auch Personen, die das 27. Lebensjahr vollendet haben, in angemessenem Umfang einbeziehen (können)".

Auch bei Beratungsangeboten im Rahmen der „Allgemeinen Förderung der Erziehung in der Familie" nach § 16 SGB VIII ist von „jungen Menschen" die Rede, auch hier gilt demzufolge die Altersgrenze von 26 Jahren.

In der Fachliteratur wird der Jugendbegriff unabhängig von den rechtlichen Rahmenbedingungen heute weiter gefasst: So schlagen Quenzel und Hurrelmann *(2022, S. 44)* vor, zwischen der frühen (12- bis 17-Jährige), der mittleren (18- bis 21-Jährige) und der späten Jugendphase (22- bis maximal 30-Jährige) zu unterscheiden. Angesichts der Tatsache, dass in den vergangenen Jahrzehnten eine Entgrenzung der Jugendphase zu beobachten ist - ein früheres Einsetzen der Pubertät und zunehmend längere Ausbildungszeiten - ist diese Perspektive durchaus plausibel.

Im Kontext dieses Buches wird als Altersspanne von Jugendberatung sowohl aufgrund der inhaltlichen als auch der rechtlichen Rahmenbedingungen des SGB VIII vorgeschlagen, als Zielgruppe von Jugendberatung die 14- bis 26-Jährigen zu betrachten. Dabei sollte wegen des hohen Stellenwertes eines niedrigschwelligen Zugangs der Beratung nach § 28 SGB VIII auf die externe Feststellung des Hilfebedarfs im Rahmen der Erstellung eines Hilfeplans durch das Jugendamt verzichtet werden.

1.6 Institutioneller Rahmen von Jugendberatung

Jugendberatung kann grundsätzlich in verschiedenen institutionellen Kontexten stattfinden:

- in einer eigenständigen Jugendberatungsstelle,
- im Rahmen einer Beratungsstelle, die auf die Familie ausgerichtet ist. Für diese gibt es unterschiedliche Titel: Erziehungsberatungs-

stelle, Beratungsstelle für Eltern, Kinder und Jugendliche, Familien-
beratungsstelle u.ä.

Aus vorgenannten Gründen ist die Etablierung einer eigenständigen Jugendberatungsstelle die am besten geeignete Option. Für die Jugendlichen und
jungen Erwachsenen ist damit deutlich, dass dieses Beratungsangebot für
sie da ist, nicht für ihre Eltern oder sonstige Erziehungspersonen. Es geht
nicht um „Erziehung", auch nicht primär um „Familie", sondern bereits im
Titel „Jugendberatung" wird deutlich, dass es um ihre Beratungsanliegen als
junge Menschen geht. Hier werden nicht Eltern, sondern Jugendliche beraten. Aus der Perspektive der jungen Menschen ist es „ihre" Beratungsstelle.
Die Parteilichkeit im Sinne einer Anwaltschaft ergibt sich bereits aus der
Existenz dieser Einrichtung.

Für den Betrieb einer eigenständigen Beratungsstelle in von der Familienberatung getrennten Räumlichkeiten, die den Bedingungen des § 28 SGB VIII
genügt, bedarf es einer Mindestausstattung. Unter Berücksichtigung von
Ausfällen durch Urlaubs- und Krankheitszeiten gehören zur Mindestausstattung einer Jugendberatungsstelle:

- drei Fachkräfte verschiedener Fachrichtungen (aus den Bereichen
  Psychologie, Sozialpädagogik, Diplompädagogik o.ä.) und

- eine Verwaltungsfachkraft

mit jeweils mindestens einer halben Stelle. Hinzu kommt die verbindliche
Kooperation mit und fachliche Beratung durch eine ärztliche Fachkraft (Kin-
der- und Jugendpsychiater*in) sowie eines/einer Rechtsanwält*in. Die fachliche Qualität wird durch ein regelmäßiges Angebot an Teamsupervision ab-
gesichert.

Von den räumlichen Bedingungen her gehören zur Mindestausstattung ein
Beratungsraum für jeden Beratenden, ein Gruppenraum, der Wartebereich,
das Sekretariatsbüro, eine Küche und der Sanitärbereich.

Unterhalb dieser Mindestanforderungen dürfte der verlässliche Betrieb einer Jugendberatung kaum zu realisieren sein. Wichtig ist, dass eine eigenständige Beratungsstelle einer institutionellen Einbindung bedarf. Dies kann
ein Verbund mehrerer Beratungsstellen im Rahmen eines Vereins oder
Wohlfahrtsverbandes sein. Denkbar ist aber auch eine Anbindung an den
Fachbereich „Kinder, Jugend und Familie" der zuständigen Kommune. Durch
diese Anbindung können die notwendige Dienst- und Fachaufsicht sowie die

fachliche Qualität durch Weiterbildung gesichert und im Bedarfsfall Aushilfe und Entlastung geleistet werden.

So sehr auch eine eigenständige Jugendberatungsstelle in jeder kreisfreien Stadt und in jedem Landkreis sinnvoll und anzustreben ist, es wird dennoch aus finanziellen Gründen nicht überall möglich sein, ein solches Angebot tatsächlich zu etablieren. Es stellt sich daher die Frage, ob und in welcher Form Jugendberatung auch in einem anderen Kontext etabliert werden kann und welche Voraussetzungen es dafür braucht.

Wichtig ist es, dass Jugendliche und junge Erwachsene das Angebot an „Jugendberatung" überhaupt identifizieren können. Das Angebot sollte daher - ebenso wie eine eigene Beratungsstelle - einen eigenen, jugendgerechten Namen erhalten. Dieser kann schlicht „Jugendberatung" lauten, aber auch ein einprägsamer Eigenname sein. In Braunschweig gibt es zum Beispiel u.a. folgende Namen für Beratungseinrichtungen, die sich an junge Menschen wenden: bib, mondo X, Pace, drobs, clear. Junge Menschen sollen bereits durch den Titel den Eindruck haben, dass das Beratungsangebot für sie da ist und sich von „Erziehungsberatung" unterscheidet.

Wünschenswert ist es, dass das Beratungsangebot für Jugendliche in eigenständigen Räumlichkeiten angeboten wird, selbst wenn die Mitarbeitenden dieselben wie in der Erziehungs- und Familienberatung sind. Die ratsuchenden jungen Menschen suchen die eigene Beratungsstelle auf, am Eingangsschild steht nichts von „Eltern", „Erziehung" oder „Familie". Eigenständige Räumlichkeiten können jugendgerecht gestaltet werden. Das Ambiente sollte weder nach Büro oder Behörde noch nach Kleinkindern oder Eltern aussehen. Die Räumlichkeiten sollten so gestaltet sein, dass junge Menschen angesprochen werden und sich dort wohlfühlen.

Sollten eigenständige Räumlichkeiten nicht zur Verfügung stehen, so ist es zumindest wichtig, dass junge Menschen sich eingeladen fühlen, das Beratungsangebot zu nutzen. Im Internet, auf speziellen Flyern und Plakaten und auch an der Eingangstür sollte der Begriff „Jugendberatung" separat und nicht als Bestandteil von Familienberatung aufgeführt sein. Die Beratenden mit dem Schwerpunkt „Jugendberatung" können zumindest ihre Beratungsräume möglichst jugendgerecht gestalten. Die Anmelde- und Aufnahmeprozedur kann auf das Nötigste beschränkt und möglichst unbürokratisch gestaltet, vorgeschaltete Diagnostik möglichst vermieden oder auf das Nötigste beschränkt werden. Die jungen Menschen sollen sich möglichst eigenständig angesprochen und zur Beratung eingeladen fühlen. Je besser

dies gelingt, umso erfolgreicher wird das Angebot „Jugendberatung" angenommen werden.

Im den Kapiteln 2 bis 4 werde ich unterschiedliche Modalitäten von Jugendberatung beschreiben und in ihrer Wirksamkeit einschätzen:

- Jugendberatung als Face-to-Face-Beratung.

- Jugendberatung und Neue Medien.

- Anonyme Online-Jugendberatung.

2. Jugendberatung als Face-to-Face-Beratung

2.1. Der theoretische Rahmen

Psychische und soziale Probleme der jungen Klient*innen, die eine Jugendberatungsstelle aufsuchen, spiegeln in erster Linie Beziehungsstörungen wider. Damit ist sowohl eine gestörte Beziehungsfähigkeit in Bezug auf sich selbst als auch in Bezug auf die Umwelt gemeint. Das Hauptziel von Jugendberatung ist daher die (Wieder-)Herstellung von Beziehungsfähigkeit. Im Beratungsprozess besteht eine besonders gute Möglichkeit, über den Aufbau einer tragfähigen und vertrauensvollen Beziehung zwischen dem/der Klient*in und des/der Beratenden die eigene Beziehungsfähigkeit zu entwickeln.

Die Persönlichkeit von Menschen entwickelt sich über die gesamte Lebensspanne hinweg. Das bedeutet, dass in der Beratung die Vergangenheit, die Gegenwart und auch die Zukunft des/der Klient*in mitbetrachtet werden müssen. Gleichzeitig findet Entwicklung immer im Rahmen der umgebenden Lebenswelten statt. Diese besteht aus der Familie und den nahen Bezugspersonen, der Szene, der Schule bzw. Arbeitsstelle, der Wohnumgebung, dem sozialen Milieu und der sozialen Situation bis hin zu übergeordneten Einflüssen wie Geschichte, Zeitgeist, politische Entwicklungen, Religion, Kulturkreis und Ähnliches. Die Bedeutung dieser Lebenswelten bei der Entstehung und Veränderung von Beziehungsstörungen ist wichtiger Bestandteil des Beratungsprozesses. Die Entwicklung wird jedoch nicht nur durch Umgebungseinflüsse bestimmt, sondern ebenso durch - auch genetisch bedingte - Persönlichkeitsfaktoren und schließlich auch durch die aktive Gestaltungsfähigkeit jedes Menschen. Der Mensch ist also nicht nur Opfer, sondern auch Schöpfer seiner Umwelt. Diese Gestaltungsfähigkeit zu fördern, ist wesentliches Ziel von Jugendberatung.

Veränderung durch Beratung und Therapie kann durch die „Vier Wege der Heilung" (nach Rahm u.a., 1993, S. 328 ff) erfolgen:

Durch „Bewusstseinsarbeit, Sinnfindung und emotionales Verstehen" (1. Weg) kann der/die Klient*in lernen, sich selbst und sein/ihr Verhalten auf dem Hintergrund der persönlichen Lebensgeschichte zu verstehen, besseren emotionalen Zugang zu sich selbst zu bekommen und sich selbst mit allen Eigenschaften (auch den ungeliebten) mehr anzunehmen.

Bei der „Nachsozialisation, Bildung von Grundvertrauen" oder auch "Nach-Beelterung" (2. Weg) geht es darum, in der Beratungsbeziehung neue, gute Beziehungserfahrungen zu machen und auf diese Weise alte Defizite, Störungen, Konflikte und Traumata in Beziehungen zu kompensieren. Es besteht dadurch die Möglichkeit, wieder mehr Vertrauen zu anderen und auch zu sich selbst zu erlangen.

Bei der „Erlebnisaktivierung und Persönlichkeitsentfaltung" (3. Weg) werden persönliche Potenziale entwickelt und dadurch die Kompetenzen im Umgang mit sich selbst, mit anderen Menschen und mit den Lebensweltbedingungen erweitert. Zu diesem Weg gehören z.B. die Förderung der Kreativität, die Wahrnehmung eigener körperlicher und emotionaler Prozesse sowie die Entwicklung der Kontakt- und Kommunikationsfähigkeit.

Bei der „Solidaritätserfahrung" (4. Weg) macht der/die Klient*in im Umgang mit dem/der Beratenden oder mit Gruppenteilnehmer*innen im Rahmen von Selbsterfahrungsgruppen die Erfahrung, trotz aller Fehler und Schwächen solidarisch behandelt zu werden. Gleichzeitig wird auch die Fähigkeit zur Solidarität mit anderen und damit letztendlich auch wieder die Beziehungsfähigkeit gestärkt.

In der Einzelberatung und in den Gruppenprozessen werden die „Vier Wege der Heilung" - im Beratungskontext sollte es treffender die „Vier Wege der Veränderung" heißen - in einem gemeinsamen Entwicklungsprozess mit den Klient*innen beschritten. Wichtig ist dabei stets, dass die Ratsuchenden aktiv in den Diagnose- und Beratungsprozess eingebunden ist. Das beraterische Vorgehen muss transparent und nachvollziehbar sein, wenn die Klient*innen nicht "behandelt", sondern sie in ihrem persönlichen Wachstum gefördert werden sollen.

Hinsichtlich der Einbettung in die Lebenswelt und in die psychosoziale Versorgung hat Jugendberatung einen Platz zwischen der psychosozialen Alltagswelt, den präventiv ausgerichteten Angeboten der allgemeinen Jugendarbeit und der Jugendsozialarbeit auf der einen und kurativen oder ordnungspolitischen Maßnahmen auf der anderen Seite. Dabei sollte das Gesamtsystem - mit den Bereichen Alltagswelt, Bildung, Kinder- und Jugendhilfe, Gesundheit und auch Strafrecht - in einem ganzheitlichen Sinne als zusammenhängend und sich gegenseitig bedingend betrachtet werden.

Schematisch lässt sich die Position von Jugendberatung im psychosozialen Gesamtsystem folgendermaßen darstellen:

Interventive Maßnahmen

Gesundheitssystem
(Psychotherapie Psychiatrie)
stationäre und
teilstationäre Jugendhilfe
Strafvollzug

Jugendberatung
Einzelberatung
Beratung von Subsystemen (Familien,
Schule, Freizeitbereich usw.)
Therapieorientierte Gruppenarbeit
Aufsuchende Arbeit
Beratung von Multiplikator*innen
Vernetzung, Service, sozialraumbezogene Arbeit

Jugendsozialarbeit
z.B. Maßnahmen, Beratungsangebote, Arbeits-
und Ausbildungsförderung, offene Jugendarbeit

Allgemeine Jugendarbeit
z.B. Jugendgruppen, Sportvereine, Konfirmandengruppen

Lebenswelt Jugendlicher
z.B. Jugendszene, Diskothek, Schule,
Straße, Ausbildung, Familie, Clique

„Jeder junge Mensch hat ein Recht auf Förderung seiner Entwicklung und auf Erziehung zu einer selbstbestimmten, eigenverantwortlichen und gemeinschaftsfähigen Persönlichkeit" (§ 1 Abs. 1 SGB VIII). Wenn jungen Menschen dies nicht zufriedenstellend gelingt, bietet ihnen die Jugendberatung Hilfestellung an. Die Aufgabe von Jugendberatung besteht im Sinne von § 27 SGB VIII darin, eine für die Entwicklung eines jungen Menschen geeignete und notwendige Hilfe zu gewährleisten, so dass weitergehende Interventionsmaßnahmen in möglichst geringem Umfang notwendig sind.

An dieser Stelle stellen sich die Fragen:

- Wie unterscheiden sich Beratung und Psychotherapie?
- Welchen Unterschied gibt es zwischen der „Gewährung ... therapeutischer Leistungen" als Jugendhilfeleistung nach § 27 SGB VIII und psychotherapeutischen Leistungen im Sinne von Heilbehandlung nach SGB V?

Diese Fragen lassen sich nicht einfach beantworten, da es hier fließende Übergänge gibt. Klient*innen der Jugendberatung haben eindeutig dem Beratungskontext zuzurechnende Themen: Stress mit den Eltern, Drogen-, Beziehungs-, Schulprobleme, Schwierigkeiten mit Behörden oder Justiz usw. Die Beratungen erstrecken in diesen Fällen in der Regel eher auf einen kurz- bis mittelfristigen Zeitraum, die Beratungsgespräche finden ein- oder mehrmalig oder intermittierend statt. Nicht selten sind diese auf den Lebensalltag ausgerichtete Fragestellungen jedoch auch begleitet von psychischen Problematiken und Auffälligkeiten wie Depressivität, Ängsten, Zwängen, Traumatisierungen oder Suchtverhalten. In einigen dieser Fälle erscheinen weitergehende Interventionen wie ambulante oder stationäre Psychotherapie indiziert, in anderen Fällen steht eher der akute Beratungsbedarf im Vordergrund und die psychische Belastung bzw. Symptomatik ist den Rahmenbedingungen zuzuordnen. Hinzu kommt, dass zuweilen junge Menschen mit einer an sich eine heilkundliche ambulante oder (teil-)stationäre Psychotherapie begründenden Problematik für diese (noch) nicht in Frage kommen, weil

- der/die Klient*in trotz entsprechender Indikation (noch) nicht bereit ist, eine ambulante, teilstationäre oder stationäre Psychotherapie aufzusuchen,

- es aus Kapazitätsgründen nicht möglich ist, kurzfristig ein entsprechendes psychotherapeutisches Angebot zu finden, da die Versorgungssituation nach wie vor völlig unzureichend ist oder
- der/die Klient*in die Voraussetzung einer Psychotherapie nach SGB V nicht erfüllt (z.b. wegen Substanzmissbrauch, mangelnder Zuverlässigkeit, mangelnder Erfolgsaussicht.

Die Beratungspraxis in der Jugendberatung ist daher in der Realität dadurch gekennzeichnet, dass sowohl junge Menschen mit einem ausschließlichen Beratungsanliegen zum Klientel gehören als auch solche, die sich zusätzlich zur Bewältigung von Problemen aus dem unmittelbaren Lebensalltag auch mit längerfristig wirksamen psychischen Belastungen und ihren Folgen auseinandersetzen müssen oder wollen. Die Grenze zwischen Beratung und Therapie ist in der Beratungspraxis fließend: Eine Schülerin etwa, die aufgrund ihrer Ängste vermieden hat, sich auf ein Referat vorzubereiten, und zu einer Vermeidung der Terminwahrnehmung neigt, kann durch eine ermutigende Beratung in Verbindung mit konkreten Verhaltensanleitungen und einer engen Begleitung durch die/den Beratenden die konkrete schulische Aufgabe bewältigen. Der Erfolg, sich der Aufgabe gestellt zu haben, löst nicht nur das akute schulische Problem, sondern wirkt darüber hinaus auch therapeutisch. Der/die Ratsuchende wird zukünftig mit größerer Wahrscheinlichkeit weniger Vermeidungsverhalten zeigen und sich aktiver ihren Ängsten stellen.

Beratung und Therapie sind zwei Seiten einer Medaille, sie bedingen sich gegenseitig und lassen sich in der Lebenspraxis nicht in der Eindeutigkeit differenzieren, wie dies durch die Sozialgesetzgebung impliziert wird. „Die Unterschiede zwischen den einzelnen therapeutischen Schulrichtungen sind häufig größer als der Unterschied zwischen *der Beratung* und *der Therapie*" (Rahm 2011, S. 99). Rahm (2011, S. 113) betont, „dass Beratung und Therapie nicht eindeutig voneinander abgrenzbar sind, sondern dass zwischen beiden ein fließender Übergang besteht." In diesem Sinne wird in diesem Buch auf die trennscharfe Unterscheidung verzichtet. Die vier Wege der Heilung im psychotherapeutischen Sinne entsprechen den vier Wegen der Veränderung im beraterischen Sinne. Das Zusammenwirken von beraterischer und psychotherapeutischer Intervention trägt zur Stabilisierung der Persönlichkeit bei. Eine erfolgreiche Beratung hat therapeutische Wirksamkeit. Erfolgreiche therapeutische Interventionen ermöglichen einen wirksamen

Beratungsprozess. Unabhängig davon gibt es selbstverständlich auch Fälle, wo aufgrund gravierender psychischer Erkrankungen ambulante Beratungsangebote nicht ausreichend wirksam sein können und intensivere ambulante oder (teil-)stationäre psychotherapeutische Angebote notwendig sind.

Formal betrachtet darf Psychotherapie nur mit einer entsprechenden Qualifikation (Approbation, Heilpraktikerprüfung) ausgeübt werden, während es für die Ausübung von Beratung keine entsprechenden formalen Voraussetzungen gibt. Allerdings wird in § 72 Abs.1 SGB VIII das „Fachkräftegebot" formuliert: „Die Träger der öffentlichen Jugendhilfe sollen bei den Jugendämtern und Landesjugendämtern hauptberuflich nur Personen beschäftigen, die sich für die jeweilige Aufgabe nach ihrer Persönlichkeit eignen und eine dieser Aufgabe entsprechende Ausbildung erhalten haben (Fachkräfte) oder auf Grund besonderer Erfahrungen in der sozialen Arbeit in der Lage sind, die Aufgabe zu erfüllen. Soweit die jeweilige Aufgabe dies erfordert, sind mit ihrer Wahrnehmung nur Fachkräfte oder Fachkräfte mit entsprechender Zusatzausbildung zu betrauen. Fachkräfte verschiedener Fachrichtungen sollen zusammenwirken, soweit die jeweilige Aufgabe dies erfordert." Diese Anforderungen dürften analog auch für Fachkräfte gelten, die Beratungsleistungen nach § 8 SGB VIII durch einen Träger der freien Jugendhilfe erbringen. Wenn auch vage formuliert, wird somit deutlich, dass auch im Rahmen nicht heilkundlicher Beratungstätigkeit besondere Anforderungen hinsichtlich der fachlichen Qualifikation und der Zusatzausbildung gestellt werden.

In der beruflichen Praxis hat es sich bei seriösen Beratungsangeboten zum fachlichen Standard entwickelt, dass auch für die Ausübung von Beratung im Kontext von Erziehungs- und Jugendberatung nach § 28 SGB VIII entsprechende Weiterbildungen in Beratungs- oder Therapieverfahren als Qualitätsstandards vorausgesetzt werden. Fachgesellschaften im Beratungsbereich wie die Bundeskonferenz für Erziehungsberatung (bke) oder die Deutsche Arbeitsgemeinschaft für Jugend- und Eheberatung (DAJEB) bieten ebenfalls Weiterqualifizierungen zum/zur Erziehungsberater*in bzw. Ehe- und Lebensberater*in an. Auch ohne eine gesetzlich geforderte bzw. anerkannte Qualifikation zum/zur Berater*in hat sich in der Praxis ein hohes Qualifikationsniveau bei den psychologischen und (sozial-)pädagogischen Beratungskräften im Kontext von Erziehungs- und Jugendberatung entwickelt. Es kann somit davon ausgegangen werden, dass bei einer Jugendberatung nach § 28 SGB VIII Beratungs- und therapeutische Prozesse ineinander übergehen und sich nicht trennscharf voneinander abgrenzen lassen.

2.2 Das Team

Multiprofessionaliät

Was braucht es für Mitarbeiter*innen in einem Jugendberatungsteam? In erster Linie die Vielseitigkeit und Diversität, die auch der Klientel entspricht. Ein optimal aufgestelltes Team ist gekennzeichnet durch:

- verschiedene Fachrichtungen (wie Psychoanalyse, Systemische Therapie, Verhaltenstherapie) (vgl. § 28 SGB VIII),

- verschiedene Professionen (wie Psycholog*innen, Sozialpädagog*innen, Kinder- und Jugendlichenpsychotherapeut*innen, Pädagog*innen),

- unterschiedliche Geschlechtsidentitäten (weiblich, männlich, divers),

- unterschiedliche kulturelle und religiöse Herkünfte (mit und ohne Migrationshintergrund) sowie

- unterschiedliche soziale Herkünfte.

Ein Team, bei dem in der Zusammensetzung die vorgenannten Aspekte berücksichtigt sind, bietet die größte Gewähr dafür, dass die unterschiedlichen Lebens- und Sozialisationserfahrungen und Persönlichkeitsausprägungen der Klientel angemessen gewürdigt und berücksichtigt werden.

Nun ist es offensichtlich, dass diese Voraussetzungen bei einem Team mit z.B. drei fachlichen Mitarbeitenden nicht sämtlich erfüllt werden können. Optimale Bedingungen sind wünschenswert, aber nicht immer realisierbar. Wichtig ist es dennoch, die vorgenannten Kriterien im Blick zu haben und durch entsprechende Weiterbildungen und Diskurse im Team und in der Supervision fachlich breit aufgestellt, kultursensibel und offen für individuelle Persönlichkeitsprozesse zu sein. Die beraterische Grundhaltung sollte die Diversität anerkennen und unterstützen. Das Ziel von Beratung ist nicht die Normierung, sondern die Hilfestellung dabei, den zur Persönlichkeit passenden eigenen Weg zu finden.

Folgende zwei Mindestkriterien sollte eine Jugendberatung trotz der vorgenannten Begrenzungen erfüllen:

- Das Team sollte aus weiblichen und männlichen fachlichen Mitarbeiter*innen bestehen.
- Es sollten mehrere therapeutisch-beraterische Fachrichtungen vertreten sein.

Es ist sinnvoll, wenn Jugendliche und junge Erwachsene Wünsche bezüglich des Geschlechts des/der Berater*in äußern dürfen und diese auch nach Möglichkeit berücksichtigt werden. Die Vorerfahrungen mit den eigenen Eltern und anderen Personen aus der individuellen Entwicklungsgeschichte können prägend und mit einem Geschlecht verbunden sein. Als Beispiele sind Missbrauchs-, aber auch Vernachlässigungserfahrungen zu benennen, die zu späteren Übertragungsprozessen auch auf das Geschlecht einer/eines Berater*in bezogen führen können. Hier eine Alternative zu haben, ist für manche junge Menschen entscheidend dafür, sich auf einen Beratungsprozess einlassen zu können.

Verschiedene Fachrichtungen fordert in Bezug auf Beratung auch § 28 SGB VIII. Dies ist auch sinnvoll, weil unterschiedliche beraterisch-therapeutische Ansätze ihre jeweilige Berechtigung haben und ihre Wirksamkeit in der Beratung entfalten können. Das Zusammenwirken dieser Fachrichtungen im Sinne der „Integrativen Therapie und Beratung" (vgl. Rahm 2011, S. 218ff) ist zielführender bei der Entwicklung möglichst wirksamer Unterstützungssettings in Beratungsprozessen als die Abgrenzung voneinander und die strenge Orientierung an therapeutischen Schulen.

In der QS EB (Qualitätsstandards für die Erziehungs-, Familien und Jugendberatung) (2022, 42ff) sind die Anforderungen an eine ausreichende personelle Ausstattung von Beratungsstellen nach § 28 KJHG aus Sicht der bke angeführt. Für reine Jugendberatungsstellen kann eine - wie dort postulierte - Ausstattung mit mindestens fünf Planstellen in der Regel aus finanziellen Gründen vermutlich kaum gewährleistet werden - und wäre vermutlich auch überdimensioniert. Dennoch gilt auch für Jugendberatung, was in QS EB gefordert wird:

- „psychodiagnostische und psychotherapeutische Kompetenz
- Kompetenz zur fallbezogenen Analyse psychosozialer und gesellschaftlicher Bedingungen (einschließlich der Planung und Durchführung von Interventionen)

- Kompetenz zur beratenden oder therapeutischen Arbeit mit Kindern und Jugendlichen. Dies wird gewährleistet durch eine multidisziplinäre Besetzung des Teams der Erziehungsberatungsstelle, das entsprechend § 28 Satz 2 SGB VIII »verschiedene Fachrichtungen« zusammenführt" (ebenda, S. 42).

Zusammenarbeit im Team

Eine große Stärke der Arbeit im Kontext einer Beratungsstelle ist der Kontakt der Mitarbeitenden untereinander. Kontinuierlicher fachlicher Austausch lässt sich unkompliziert und bedarfsorientiert gewährleisten. Da gibt es die spontanen Tür-und-Angel-Gespräche, die schnelle Entlastung bieten und somit wichtig für die Psychohygiene der Beratenden sind. Auch können unkompliziert Informationen ausgetauscht und fachliche Anregungen vermittelt werden. Die informelle Zusammenarbeit in einem gut funktionierenden Team ist von unschätzbarem Wert.

Darüber hinaus gibt es die formalisierten Formen der Zusammenarbeit im Team. Neben den Teamsitzungen zur Klärung von organisatorischen Fragen, aber auch zur Fallvergabe, sind regelmäßige Fallbesprechungen hilfreich und unerlässlich für den Beratungsalltag. Die Mitarbeitenden tauschen sich über schwierige oder unklare Beratungsprozesse aus und unterstützen sich dadurch gegenseitig. Die unterschiedlichen beraterisch-therapeutischen Hintergründe ermöglichen es, Fallkonstellationen aus unterschiedlichen Perspektiven zu betrachten und Beratungsoptionen gegeneinander abzuwägen. Für den/die Berater*in bietet die Fallbesprechung einen Fundus zur Weiterentwicklung des jeweiligen Beratungsprozesses.

Neben der kollegialen Unterstützung in den Fallbesprechungen ist die regelmäßige Fallsupervision im Team mit einem/einer externen Supervisor*in essenziell für eine erfolgreiche und verantwortungsvolle Beratungsarbeit im Sinne des Klientels. Gerade bei schwierigen Beratungsverläufen und bei einem (vermeintlichen) Stillstand im Beratungsprozess ist die Supervision der Ort, an dem gemeinsam reflektiert und neue Beratungsimpulse entwickelt werden können.

Qualitätssicherung

In kritischen Fällen und bei fraglicher Kindeswohlgefährdung ist darüber hinaus die Anbindung zur/zum jeweiligen fachlichen Vorgesetzten von großer Bedeutung. Es sollte jederzeit eine fachlich vorgesetzte Person kurzfristig erreichbar sein, der/die im Bedarfsfall auch die fachliche

Verantwortlichkeit trägt. Darüber hinaus sollte für jeden/jede Berater*in ein schneller und unkomplizierter Zugang zu einer beratend hinzugezogenen insoweit erfahrenen Fachkraft gemäß § 8a SGB VIII gewährleistet sein. Diese Fachkräfte können entsprechend qualifizierte Kolleg*innen innerhalb der eigenen Institution oder auch dafür ausgebildete Kolleg*innen des zuständigen Jugendamtes sein. Wichtig ist, dass die Berater*innen in kritischen Beratungssituationen kurzfristig die notwendige Reflexionsmöglichkeit und Unterstützung erhalten, die sie für den verantwortlichen Umgang mit dem/der Ratsuchenden benötigen.

Neben der regelmäßigen Fallreflexion im Team und der Teamsupervision ist es notwendig, durch kontinuierliche Weiterbildungen die Qualität der Beratungsarbeit zu gewährleisten und weiterzuentwickeln. Dazu gehört zunächst die Erlangung einer beraterischen Basisqualifikation, sofern diese nicht bereits vorhanden ist. Jeder/jede Beraterin in einer Jugendberatung sollte in einem Beratungs- bzw. Therapieverfahren ausgebildet sein bzw. sich in einer solchen Weiterbildung befinden. Es ist sinnvoll, eine entsprechende einschlägige begonnene bzw. abgeschlossene Weiterbildung oder mindestens die Bereitschaft zur Absolvierung einer längerfristigen Weiterbildung in der Stellenausschreibung und bei der Personalauswahl vorauszusetzen. Auch wenn es in den letzten Jahren zunehmend schwierig ist, entsprechend qualifizierte Mitarbeiter*innen zu finden, sollten in dieser Beziehung wegen der hohen Verantwortlichkeit und der Komplexität von Beratungsprozessen keine Abstriche gemacht werden. Sofern diese Qualifikation noch nicht bei der Einstellung vorhanden ist, sollte die Absolvierung einer entsprechenden Weiterbildung Bestandteil des Arbeitsvertrages sein. Der reine Studienabschluss ohne entsprechende abgeschlossene Weiterbildung kann höchstens für eine begrenzte Übergangzeit ausreichend sein. Er qualifiziert jedoch längerfristig nicht hinreichend für die verantwortungsvolle Arbeit mit jungen Menschen im Rahmen einer sozialpädagogisch und psychologisch ausgerichteten Jugendberatung. Wünschenswert - und wahrscheinlich längerfristig notwendig - ist es, dass sich diese über die durch das Studium erlangte Grundqualifikation hinausgehende Qualifizierung als Berater*in auch in einer entsprechend höheren Vergütung widerspiegelt.

Auch über die Qualifikation in einem Beratungs- oder Therapieverfahren hinaus ist eine permanente Weiterbildungsverpflichtung sinnvoll, damit der/die Berater*in kontinuierlich seine/ihre berufliche Tätigkeit reflektieren und seine/ihre beruflichen Kompetenzen weiterentwickeln kann.

Weiterbildungen bieten sich u.a. in folgenden Themenbereichen an: interkulturelle Kompetenz, geflüchtete junge Menschen, geschlechtsspezifische Beratungsarbeit, Arbeit mit Opfern und Tätern sexueller Grenzverletzungen, Arbeit mit straffälligen jungen Menschen, Umgang mit Essstörungen, Suchtgefährdung, Selbstverletzungen und Suizidalität, Schulängste und soziale Ängste, innerfamiliäre Konflikte, Sexualität. Weiterbildungen sollten abhängig vom jeweiligen Bedarf der Beratungsstelle absolviert werden, die aufgeführte Liste hat keinen Anspruch auf Vollständigkeit. Wichtig ist, permanent am „Puls der Zeit" zu bleiben und sich dort kompetent zu machen, wo Kompetenz benötigt wird.

Zur Qualitätssicherung gehört nicht nur, dass berufliche Kompetenz erworben und diese den Klient*innen in der Beratungsarbeit zur Verfügung gestellt wird, sondern dass auch überprüft wird, ob sich diese Kompetenz in der Beratungsqualität niederschlägt. Objektive Daten sind in diesem Zusammenhang nur schwer bis gar nicht zu ermitteln. Wichtig ist es jedoch, den Klient*innen und ihren Bezugspersonen mindestens die Möglichkeit für eine subjektive Rückmeldung zu bieten. Dies kann durch entsprechende Fragebögen erfolgen, die in der Beratungsstelle oder online auf der Homepage erhältlich sind. Auch offene Angebote der Rückmeldung positiver oder negativer Art sollten jederzeit zur Verfügung stehen. Es sollte die Möglichkeit geben, Rückmeldungen anonym und unabhängig von dem/der Berater*in zu geben, z.B. über einen im Warteraum angebrachten Briefkasten oder eine anonyme Rückmeldemöglichkeit auf der Homepage der Beratungsstelle. Schließlich gehört zur Qualitätssicherung auch ein Beschwerdesystem, das sicherstellt, dass Beschwerden über einzelne Berater*innen oder die Beratungsstelle insgesamt von unabhängiger Seite nachgegangen wird.

2.3. Zugangsbedingungen

Hemmungen

„Ich habe schon lange überlegt, ob ich in der Beratungsstelle anrufen soll. Ich habe aber gedacht, dass es so schlimm doch gar nicht ist bei mir. Außerdem habe ich doch eigentlich überhaupt keinen Grund zu klagen, mir geht's doch eigentlich gut. Andere haben es doch bestimmt viel nötiger als ich. Ich will doch niemandem den Platz wegnehmen. Ich habe geglaubt, das wird schon wieder. Es gab ja auch immer wieder gute Zeiten."

„Meine Freundinnen haben zwar immer wieder gesagt, dass ich mir Hilfe holen soll, aber ich habe gedacht, dass ich das allein schaffe. Erst als ich jetzt mit einer Alkoholvergiftung in der Klinik aufgewacht bin, habe ich gemerkt, dass es so nicht weitergeht."

Solche und ähnliche Eingangsbemerkungen beim Erstgespräch sind nicht selten. Sie haben diverse Hintergründe:

Die Inanspruchnahme von Hilfe wird immer noch häufig als persönliche Kränkung erlebt. „Ich schaffe es nicht allein, mit meinem Leben klarzukommen", „Ich habe Defizite", „Ich bin eine Versagerin" - mit solchen Gedanken ist das Aufsuchen einer Beratungs- oder Therapieeinrichtung häufig verbunden. Beratungsbedürftigkeit wird als Schwäche wahrgenommen. Sie passt nicht zum eigenen Anspruch und zur Selbstinszenierung als glücklicher, kompetenter und erfolgreicher junger Mensch, wie sie z.B. in sozialen Medien stattfindet.

Es gibt aber auch die Klient*innen, die die Inanspruchnahme von Beratung als Zeichen persönlicher Kompetenz, als Stärke und Mut zur Veränderung wahrnehmen. Während die schambesetzten Klient*innen den Kontakt zu einer Beratungsstelle eher im Freundeskreis oder auch gegenüber ihren Eltern verheimlichen, sind diese jungen Menschen stolz darauf, den Schritt gegangen zu sein und damit eine Veränderung in ihrem Leben angestoßen zu haben.

Idealerweise entwickeln sich auch bei den schambesetzten Klient*innen im Laufe des Beratungsprozesses zunehmend Akzeptanz, Stolz auf die Veränderungsschritte und die Überzeugung von Selbstwirksamkeit. Nicht selten haben diese Klient*innen ihr „Beratungs-Comingout" im Freundeskreis, gegenüber ihren Eltern oder sonstigen Bezugspersonen wie Lehrer*innen. Es stellt einen wichtigen Entwicklungsschritt dar, wenn die Scham dem Stolz weicht, dem Stolz auf den Mut zur Wahrheit und zur Veränderung.

Für den Beratungsprozess ist es wichtig, bereits beim ersten Kontakt auf mögliche Anteile von Hemmungen, Kränkung und Scham zu achten und diese gegebenenfalls zu thematisieren. Hilfreich ist es, von der Berater*in die Rückmeldung zu bekommen, dass eine frühzeitige Inanspruchnahme von Hilfsangeboten sinnvoll ist und angestrebt wird, damit sich Probleme erst gar nicht verfestigen. Die Ratsuchenden erhalten die Rückmeldung: „Wenn es für *dich* ein Problem ist, dann ist es ein Problem. Es gibt keine zu kleinen oder zu unwichtigen Probleme. Es ist sehr gut, dass du genau jetzt gekommen bist". Eine solche Botschaft ist gerade angesichts der Verunsicherung und Ambivalenz zu Beginn einer Beratung von großer Wichtigkeit.

Sinnvoll ist es auch, auf den anderen Aspekt einzugehen, nämlich der/die Ratsuchende nehme anderen Hilfsbedürftigen den Platz weg. Selbst wenn dieses Argument sicherlich häufig einen Ursprung in der persönlichen Ambivalenz hat, ist der sachlich begründete Hintergrund nicht von der Hand zu weisen: Es gibt zu wenig Hilfsangebote, besonders hinsichtlich psychotherapeutischer Angebote. Die Wartelisten sind lang, häufig viel zu lang. Dies wissen in der Regel auch die Klient*innen von Beratungsstellen. Im Rahmen von Jugendberatung ist es daher wichtig, Strukturen vorzuhalten, die einen kurzfristigen und niedrigschwelligen Zugang zur Beratung gewährleisten. Hier sind besonders ausreichende personelle Ressourcen von Bedeutung, aber auch eine flexible, den Bedarfen der Ratsuchenden angepasste Angebotsstruktur Gleichzeitig sollte den Ratsuchenden versichert werden, dass wegen ihrer Inanspruchnahme von Beratung niemand anderes von dem Beratungsangebot ausgeschlossen wird.

Schließlich ist es wichtig anzuerkennen, dass Veränderungsschritte im Leben immer Mut erfordern und von Ambivalenz gekennzeichnet sind. Auf der einen Seite möchte der/die Klient*in etwas verändern, er/sie hat Vorstellungen von einer besseren Zukunft in Bezug auf die psychische, soziale oder berufliche Lebenssituation. Auf der anderen Seite verunsichert Veränderung auch. Sie ist mit Trennung, Loslösung und Abschied verbunden, in vielen Fällen auch mit Auseinandersetzung und Konflikten. Es ist daher nicht verwunderlich, wenn Klient*innen schwanken und längere Zeit benötigen, bis sie Beratungsangebote in Anspruch nehmen, Beratungs-prozesse unterbrechen, Termine nicht einhalten oder unzuverlässig sind. All dies ist Ausdruck der Ambivalenz zwischen dem Festhalten an Vertrautem und dem Drang nach Veränderung. Beratung sollte diesen Prozess behutsam und mit Verständnis begleiten.

Die Botschaft im Erstgespräch sollte lauten: „Es ist gut, dass du hier bist. Das ist ein mutiger Schritt von dir. Du willst etwas in deinem Leben verändern. Ich will dich dabei unterstützen und dich auf deinem Weg stärken. Deine Probleme sind es wert, sich für sie Zeit zu nehmen und nach Veränderungsmöglichkeiten zu suchen. Du bestimmst, was du verändern möchtest und wie du das angehst. Veränderung braucht Zeit, nimm sie dir. Ich löse nicht deine Probleme, aber ich unterstütze dich dabei, wie du deine Probleme lösen kannst. Und ich sage dir auch offen und ehrlich, wo ich mögliche Grenzen sehe oder wo ich Zweifel daran habe, ob der Weg, den du dir vorstellst, dich tatsächlich in deinem Leben voranbringt."

Ein Beratungsprozess, zu der der/die Klient*in mit Selbstbewusstsein und Stolz steht und der ihre Kompetenz und Selbstwirksamkeit fördert, bietet die beste Gewähr für eine erfolgreiche persönliche Weiterentwicklung.

Anmeldung

Es hat sich bewährt, unterschiedliche Möglichkeiten zur Anmeldung für eine Beratung zur Verfügung zu stellen. Häufig wird nach wie vor die telefonische Anmeldung genutzt. Dabei ist eine gute Erreichbarkeit vorteilhaft. Warteschleifen oder Anrufbeantworter erschweren eher die Kontaktaufnahme. Gerade ambivalente junge Menschen legen dann schnell auf oder hinterlassen keine Nachricht. Es sollte nicht unterschätzt werden, welch eine große Hürde für viele potenzielle Klient*innen bereits das Wählen einer Telefonnummer darstellt. Nicht selten haben sie sich wochen- oder monatelang mit der Frage herumgeschlagen, ob sie wirklich in der Beratungsstelle anrufen sollen. Wenn dann das Besetztzeichen ertönt, ein Anrufbeantworter um das Hinterlassen einer Nachricht bittet oder eine Melodie in der Warteschleife erklingt - war es das in vielen Fällen bereits. Der gesammelte Mut bricht zusammen und es kann bis zum nächsten Anlauf unter Umständen weitere Wochen dauern - falls es ihn überhaupt geben wird. Sicherlich lässt es sich in der Praxis des Alltags nicht vermeiden, dass Leitungen besetzt sind oder dass der Anrufbeantworter geschaltet ist. Aber es sollte alles dafür unternommen werden, dass dieses möglichst selten der Fall ist.

Es ist von nicht zu unterschätzender Bedeutung, wie der erste telefonische Kontakt zur Beratungsstelle verläuft. Dieser dürfte im Regelfall zunächst über die Verwaltungskraft erfolgen. Der telefonische Erstkontakt stellt oftmals eine Herausforderung dar: Die Verwaltungskraft hat die Aufgabe, freundlich, offen und zugewandt zu sein und den oder die Anrufer*in einzuladen, das Angebot der Beratungsstelle anzunehmen. Gleichzeitig soll sie die erforderliche professionelle Distanz und Rollenklarheit wahren. Da die Anrufer*innen in der Regel nicht wissen können, ob sie mit einem/einer fachlichen Mitarbeiter*in oder mit einer Verwaltungskraft sprechen, ist es hilfreich, dieses erforderlichenfalls bereits frühzeitig klarzustellen. Die Verwaltungskraft sollte vermitteln, wer sie ist, was ihre Aufgabe ist und was nicht. Sie sollte interessiert, offen und zugewandt sein und gleichzeitig nicht inhaltlich auf eine geschilderte Problematik einsteigen, geschweige denn schon mit der Beratung am Telefon beginnen.

Die Aufgaben der Verwaltungskraft bei der ersten Kontaktaufnahme von Klient*innen sind komplex und vielfältig. Daher ist eine gute fachliche Einarbeitung, eine angemessene Schulung und die Möglichkeit zur Teilnahme an der Teamsupervision geboten, um dieser anspruchsvollen Aufgabe gerecht zu werden. Dies gilt auch besonders deshalb, weil es bei den telefonischen Kontakten nicht nur um Anmeldungen potenzieller Klient*innen geht. Ebenso kann eine Behörde wie das Jugendamt oder die Polizei, ein/eine Lehrer*in, eine Betreuungsperson oder mehr oder weniger herausfordernde Eltern am anderen Ende der Leitung sein. Mit all diesen nicht planbaren und unangekündigten Situationen muss die Verwaltungskraft angemessen sowie mit der notwendigen Sensibilität und Klarheit umgehen.

Eine weitere Möglichkeit der Anmeldung bietet das Internet. Es sollte über die Homepage eine einfache Möglichkeit geben, eine E-Mail zu schreiben und auf diesem Weg den ersten Kontakt aufzubauen. Darüber hinaus sollte auch im Rahmen der Öffentlichkeitsarbeit (über Flyer, Plakate, Visitenkarten, soziale Medien) die E-Mailadresse kommuniziert werden. Gerade für ambivalente und unsichere Jugendliche und junge Erwachsene kann die Kontaktaufnahme über eine E-Mail ein guter Einstieg in die Beratung sein. Daher ist es auch wichtig, dass E-Mail-Anfragen möglichst individuell und persönlich beantwortet werden. Die Beantwortung einer E-Mail stellt eine Einladung dar, mit der Beratungsstelle in Kontakt zu bleiben und weitere Vereinbarungen zu treffen. Unpersönliche Standardtexte haben dagegen eher eine abschreckende Wirkung.

Bei Anmeldungen, die über eine reine Terminvereinbarung hinausgehen, kann es notwendig sein, dass ein/eine fachliche Mitarbeiter*in zunächst eine Abklärung vornimmt. Dies trifft zum Beispiel bei Zuständigkeitsfragen („Bin ich mit meinem Problem hier richtig?", „Ist diese Beratungsstelle überhaupt räumlich für mich zuständig?") und auch bei Fragen zur Dringlichkeit (z.B. bei fraglicher Kindeswohlgefährdung oder Suizidalität) zu. Für diese Fälle ist es notwendig, dass jederzeit im Hintergrund ein/eine fachliche Mitarbeiter*in erreichbar ist. In Zweifelsfällen darf eine solche Abklärung nicht in der Verantwortung der Verwaltungskraft liegen. Die Verantwortlichkeit liegt bei dem/der fachlich Zuständigen. In der Praxis hat es sich bewährt, wenn während der Öffnungszeit der Beratungsstelle immer eine Fachkraft im Hintergrund erreichbar ist, wenn immer jemand „Präsenzdienst" hat.

Präsenzzeiten (Offene Sprechstunden)

Niedrigschwellige, schnelle und unkomplizierte Erreichbarkeit - das ist das A und O eines Beratungsangebotes für junge Menschen. Wenn es brennt, dann brennt es - und zwar JETZT! Und das Feuer muss gelöscht werden - und zwar SOFORT! Bei Jugendlichen und Heranwachsenden ist die Emotionsregulierung, die Geduld und die Fähigkeit zum Bedürfnisaufschub noch ganz anders ausgeprägt als bei (den meisten) Erwachsenen. JETZT habe ich Liebeskummer und stelle deshalb den Sinn meines Lebens in Frage. JETZT bin ich wegen einer schlechten Schulnote todunglücklich. JETZT hasse ich meine Eltern, weil ich schon um 22 Uhr zu Hause sein muss. JETZT gehe ich nie wieder zur Schule, weil ich gemobbt wurde.

Es ist die Bürde und gleichzeitig das Privileg junger Menschen, unmittelbar im HIER und JETZT zu empfinden und zu handeln. Wenn es mir JETZT schlecht geht, hilft mir ein Beratungstermin in vier Wochen überhaupt nichts. Nein, wenn ich JETZT leide, dann brauche ich auch JETZT Hilfe!

Jugendberatung muss diesem Bedarf gerecht werden. Sicherlich gibt es auch in der Jugendberatung die Möglichkeit (und auch die Notwendigkeit), Termine und Zeitabstände zwischen den Beratungsstunden zu vereinbaren. Es brennt schließlich nicht immer akut. Das gilt besonders für die Fälle, in denen bereits Beratungsgespräche stattgefunden haben und bei denen sich die problematische Lebenssituation bereits beruhigt hat. Aber es gibt auch immer wieder die jungen Menschen, bei denen es anders ist, bei denen eine möglichst schnelle Beratung notwendig ist. Es gibt Situationen, in denen ein/eine Beratungs- oder Klassenlehrer*in SOFORT mit einem/einer Schüler*in zur Beratung kommen möchte. Es gibt Jugendliche, die allein oder in Begleitung von Freunden an der Tür klingeln und SOFORT ein Gespräch brauchen - ohne vorherige Anmeldung und Terminabsprache. Eine persönliche Lebenskrise ist so wenig planbar wie ein plötzlich auftretendes Feuer. Und mit der Feuerwehr werden auch keine langfristigen Termine für das Löschen vereinbart. Es wird gelöscht, wenn es brennt - und zwar SOFORT!

Weil dies so ist, hat es sich in der Beratung von Jugendlichen und jungen Erwachsenen bewährt, regelmäßige, häufige und umfangreiche „Präsenzzeiten" oder „Offene Sprechstunden" vorzuhalten. Zeiten, in den junge Menschen schnell, unkompliziert und ohne Voranmeldung vorbeikommen können und unmittelbar beraten werden. In der Braunschweiger Jugendberatung bib können wir gewährleisten, dass immer von montags bis freitags in der Zeit von 14 bis 17 Uhr Präsenzzeit ist. Auch das ist bereits ein

Kompromiss, der der Personalsituation geschuldet ist. Aber eine werktägliche Erreichbarkeit mit der Möglichkeit, unmittelbar beraten zu werden, kann die meisten Bedarfe gut abdecken. Wenn es brennt, kann gelöscht werden.

In der Praxis wird die Arbeit so strukturiert, dass an jedem Werktag ein/eine Mitarbeiter*in „Präsenzzeit" hat und für derartige Notfälle zur Verfügung steht. Nach Möglichkeit sind längere Lücken zwischen den geplanten Beratungsgesprächen vorgesehen, um bei Bedarf einen/eine Ratsuchenden dazwischen schieben zu können. Je nach dem Auslastungsgrad funktioniert das mehr oder weniger gut. Der/die Präsenzhabende ist gefordert, je nach Erfordernis zu improvisieren, geplante Beratungsgespräche abzukürzen, später zu beginnen oder in seltenen Fällen sogar komplett zu verlegen - nach dem Motto „Krisen haben Vorrang". Hilfreich ist es, bereits bei Terminvereinbarungen, die in eine Präsenzzeit fallen, die Klient*innen darauf hinzuweisen, dass es unter Umständen zu Störungen kommen kann.

Neben diesen akuten Notfällen ist es auch die Aufgabe des/der Präsenzhabenden, dass er/sie bei einem eventuellen Klärungsbedarf jederzeit von der Verwaltungskraft für eine Rücksprache erreichbar ist. Zur Präsenzzeit gehört es, an dem jeweiligen Nachmittag für sämtliche zu klärenden Fragen Verantwortung zu übernehmen. In der Regel bilden solche „Störungen" die Ausnahme, so dass es möglich ist, auch während der Präsenzzeit reguläre Beratungsgespräche zu führen. Jugendberatung bedeutet jedoch, im Zweifelsfall der Klärung akut anstehender Fragen und Probleme den Vorrang einzuräumen.

2.4 Settingbedingungen

Raumgestaltung
Hinsichtlich der Gestaltung der Beratungsräumlichkeiten gilt der Grundsatz: „So viel Büro wie nötig, so wenig Büro wie möglich". Natürlich braucht es in den Beratungsräumen die Rahmenbedingungen, die zur Erfüllung des Arbeitsauftrags notwendig sind. Ein Schreibtisch, Bürostuhl und Aktenschränke müssen Platz finden. Dennoch ist es ratsam, dem Beratungsraum so wenig Bürocharakter wie möglich zu verleihen. Der Bürobereich sollte nicht den Mittelpunkt des Raumes bilden. Zentral ist der Beratungsbereich, der idealerweise aus einer Sitzecke besteht, in der drei oder vier Stühle oder Sessel Platz finden und in der auch Abstellfläche für die Teetasse oder das Wasserglas vorhanden ist. Die Beratungen sollten „auf Augenhöhe"

stattfinden, so dass Berater*in und Klient*in auf den gleichen Sitzgelegenheiten und in gleicher Höhe Platz nehmen können. Der Weg zur Tür sollte nicht verstellt oder durch den/die Berater*in abgeschnitten sein, so dass der/die Klient*in die Gewissheit hat, bei Bedarf jederzeit den Raum verlassen zu können.

Es ist für eine einladende und vertrauensvolle Gesprächsatmosphäre vorteilhaft, wenn der Beratungsraum einen persönlichen Charakter hat und Helligkeit, Behaglichkeit sowie Freundlichkeit ausstrahlt. Helle, leicht getönte Wandfarben, beruhigende und nicht ablenkende Foto- oder Kunstposter, Blumen sowie kleine Kunstgegenstände verleihen dem Raum eine angenehme, zum Gespräch einladende Atmosphäre. Der/die Klient*in soll sich wohl fühlen, aber auch nicht durch zu viele Reize von sich und seinen/ihren Themen abgelenkt werden.

Vorsicht ist geboten bei Hinweisen auf das Privatleben des/der Berater*in, wie z.B. Familienfotos. Diese laden zu Übertragungen ein und können unbewusst Gefühle wie Sehnsucht, Neid und Eifersucht hervorrufen. Jede persönliche Information aus dem Leben des/der Berater*in kann etwas im Gegenüber bewirken. Dieses Phänomen kann in der Beratung bewusst eingesetzt und im Sinne des Beratungsprozesses genutzt werden. Wenn diese Informationen allerdings unspezifisch durch Fotos oder Gegenstände vermittelt werden, ist ihre Wirkung auf den Beratungsprozess schwer einzuschätzen.

„Du" oder „Sie" - das ist die Frage

In einer Beratungsstelle, die sich an Jugendliche und junge Erwachsene in der Altersspanne von 14 bis 26 Jahren richtet, stellt sich zwangsläufig die Frage, wie sich die Beteiligten gegenseitig ansprechen. Ist es angemessen, dass förmliche „Sie" zu verwenden? Ist gegenüber Jugendlichen das „Du" zu bevorzugen? Wenn ja, bis zu welchem Alter? 16 Jahre? 18 Jahre? Werden die Klient*innen geduzt, während der/die Berater*in sich mit „Sie" ansprechen lässt?

Viele Fragen tun sich in diesem Zusammenhang auf -und sie sind nicht trivial. In der Jugendberatung nach § 28 SGB VIII gibt es in der Regel einen deutlichen Altersunterschied zwischen dem/der Berater*in und dem/der zu Beratenden. Beratung - verstanden als gemeinsame Suche nach entwicklungsfördernden Prozessen - kann nur dann erfolgreich sein, wenn sich die

Ratsuchenden ernst genommen und mitgenommen fühlen, wenn sie Subjekt und nicht Objekt des Beratungsprozesses sind. Die beste Voraussetzung für das Gefühl mitgenommen zu werden entsteht dann, wenn es eine Reziprozität in der Beziehung gibt. Nicht auf der einen Seite der/die Berater*in mit dem Durchblick und auf der anderen Seite der/die Klient*in mit Defiziten, Mängeln und Hilfsbedürftigkeit sollte eine Beratung kennzeichnen, sondern die „Zusammenarbeit" als solidarischer Prozess im Dienste der Entwicklung der jungen Persönlichkeit. Der/die Berater*in sollte nicht Führer*in, sondern Begleiter*in auf diesem Weg sein.

Wie kann nun am besten Augenhöhe in der Beratung realisiert werden? Grundsätzlich wäre dies möglich, wenn beide Beteiligte die gleiche Ansprache - also entweder das „Sie" oder das "Du" - benutzen. Das „Sie" steht dabei eher für professionelle Distanz, das „Du" dagegen für vertraute Nähe. Beides hat Vor- und Nachteile.

Für Jugendliche und häufig auch für junge Erwachsene ist es ungewöhnlich, wenn sie selbst gesiezt werden. Das entspricht weder dem Umgang im Alltag noch dem eigenen Selbstbild. Sie fühlen sich häufig noch nicht erwachsen, das „Sie" schafft eine gewisse Distanz und passt zum Umgang mit Behörden, Institutionen oder Geschäften. Aber passt das „Sie" auch zu einer vertrauten und persönlichen Beratungsbeziehung? Eher nicht. Im Gegenteil, mit „Sie" angesprochen zu werden, erzeugt gerade bei den jüngeren Klient*innen das Gefühl von Distanz und Unnatürlichkeit. Es fördert das Gefühl sich in einer Institution zu befinden, nicht an einem vertrauten Ort.

Auf der anderen Seite birgt das „Du" die Gefahr, dass jugendliche Klient*innen sich allein durch die Form der Ansprache als „klein" und nicht auf Augenhöhe behandelt fühlen könnten, zumal wenn sie ihrerseits den/die Berater*in mit „Sie" ansprechen. Kommunikativ besteht dann eine schiefe Ebene, die unter Umständen einem wachstumsorientierten Entwicklungsprozess entgegenstehen kann.

Wenn Berater*innen sich dazu entschließen, einem/einer Klient*in ebenfalls das „Du" anzubieten, könnte die Gefahr bestehen, dass in der Beratung eine zu vertraute Atmosphäre gefördert wird, die für eine professionellen Arbeitsbeziehung hinderlich ist. Dem professionellen Selbstverständnis, ein/eine Berater*in mit einer zwar solidarischen, aber gleichzeitig emotional distanzierten Haltung zu sein, kann dies widersprechen.

Die aufgezeigten Aspekte machen deutlich, dass es für jede Form des Umgangs mit der pronominalen Anredeform Vor- und Nachteile gibt. Dies hängt selbstverständlich auch von der Persönlichkeit sowohl des/der Beratenden als auch des/der Ratsuchenden ab. Von daher ist es am sinnvollsten, aus der Frage der Ansprache keine Ideologiefrage zu machen, sondern stattdessen im dialogischen Prozess zwischen Berater*in und Ratsuchendem/Ratsuchender die Lösung zu finden, welche für die jeweils Beteiligten die passende ist.

Ich habe im Laufe meiner Arbeit in der Jugendberatung gute Erfahrungen mit folgendem Vorgehen gemacht: Zu Beginn jeder Beratung -noch bevor die Sprache auf das Anliegen kam -habe ich das Thema „Ansprache" von mir aus thematisiert: „Soll ich lieber „Du" oder „Sie" sagen?" In ca. 95 % der Beratungen wurde das „Du" bevorzugt -auch bei den jungen Erwachsenen. Ungefähr 4 % sagten, dass es ihnen egal sei. Und weniger als 1 % wünschten gesiezt zu werden. Diese Prozentangaben sind Schätz- und keine empirischen Werte. Vielleicht kam hier soziale Erwünschtheit zum Tragen und ich konnte doch nicht immer verhindern, dass meine persönliche Priorität durchschien. Vielleicht auch hatte ich bereits Fakten gesetzt, weil ich schon vor Beratungsbeginn das „Du" benutzt habe, z.B. bei der Terminvergabe, beim Abholen aus dem Wartezimmer („Dann komm mal mit") oder beim Anbieten des Platzes („Du kannst dort sitzen"). Es mag sein, dass andere Berater*innen andere Erfahrungen mit der gewünschten Anspracheform machen.

Aber immerhin -ich thematisierte die Frage der Ansprache bei jedem Beratungsbeginn und es gab die Möglichkeit für die Klient*innen den Wunsch zu äußern gesiezt zu werden. Um die Reziprozität der Beziehung zu gewährleisten, war es dann auch eine Selbstverständlichkeit für mich, bei einer Entscheidung eines/einer Klient*in für das „Du" auch meinerseits anzubieten, mit „Du" angesprochen zu werden, wobei ich gleichzeitig auch deutlich gemacht habe, dass das keine Erwartungshaltung von mir war. Es gibt Jugendliche, denen es leichtfällt und die gerne den/die Beratenden duzen. Es gibt aber ebenso junge Menschen, für die das Duzen fremd ist und denen es gar nicht passen würde, einen ihnen nicht vertrauten Erwachsenen zu duzen. Hier sollten sich die Klient*innen keinem Erwartungsdruck ausgesetzt fühlen: „Du kannst mich auch gerne duzen, wenn du magst. Wenn das nicht so gut für dich passt, kannst du mich auch gerne siezen -so wie es für dich am besten ist." Mit diesem Vorgehen habe ich persönlich gute Erfahrungen gemacht. Ich muss allerdings zugeben, dass eine Korrelation zwischen der Anzahl derjenigen Klient*innen, die mich in der Beratung gesiezt haben, und meinem zunehmenden Alter festzustellen war.

Weiterhin gibt es die Tendenz, dass jüngere Jugendliche und Jugendliche mit nicht-deutschem Ursprung sich mit dem Duzen der/des Berater*in eher schwerer tun als Jugendliche, die älter oder ohne Migrationshintergrund waren. Da das Ziel einer entwicklungsfördernden Beratung am besten erreicht werden kann, wenn die Rahmenbedingungen passend sind, erscheint mir das hier aufgezeigte offene Vorgehen bei der Frage der Anspracheform hilfreich und angemessen.

Die Sorge, dass durch das Duzen des/der Berater*in zu viel Vertrautheit und zu wenig professionelle Distanz entstehen könnte, ist auf dem Hintergrund der bisherigen Erfahrungen unbegründet. Wenn Beratung das Selbstverständnis von Entwicklungsförderung durch Solidaritätserfahrung (4. Weg der Veränderung) hat, ist eine vertraute und positiv getönte Beziehungsebene förderlich und unterstützt bei dem/der Ratsuchenden den Eindruck, ernst genommen und in einem gemeinsamen Prozess auf Augenhöhe begleitet zu werden.

Dauer eines Beratungsgesprächs

Die optimale Dauer eines Beratungsgespräches hängt davon ab, was in dem Gespräch vorgesehen ist und unter welchen Umständen es stattfindet. Ist der Termin in der Beratungsstelle zwischen dem/der Berater*in und dem/der Ratsuchenden vereinbart und wird ausschließlich miteinander gesprochen, sollte ein Beratungsgespräch nicht zu lange dauern, um die Fokussierung und Konzentration zu gewährleisten. 50 bis 60 Minuten bieten einen guten Rahmen, der genügend Zeit und Raum für Vertiefung lässt und gleichzeitig nicht überfordert. Beim Einsatz spezieller therapeutischer oder beraterischer Techniken - z.B. Biographiearbeit anhand eines Genogramms oder der Arbeit mit dem Familienbrett - sowie bei speziellen Settings - z.B. einem Spaziergang durch den Park oder einem Hausbesuch - kann die Vereinbarung einer längeren Gesprächsdauer sinnvoll sein. Ebenso können auch kürzere Beratungstermine vereinbart werden, wenn es organisatorisch nicht anders möglich ist, es schwerpunktmäßig um eine Rückmeldung über die Umsetzung getroffener Vereinbarungen geht oder der Termin in erster Linie zum Austausch über den Erfolg oder Misserfolg von Zielen wie einer Prüfung oder Klassenarbeit vereinbart wurde.

Es gibt keine optimale Standarddauer eines Beratungsgesprächs, der zeitliche Rahmen sollte in aller Regel vorab zwischen den Beteiligten verabredet werden. Wichtig ist es allerdings, dass diese Verabredung tatsächlich stattgefunden hat. Zur Vermeidung von Irritationen und Missverständnissen zwischen dem/der Ratsuchenden und dem/der Berater*in ist es wichtig, einem Beratungsgespräch einen klaren und verlässlichen Rahmen zu geben. Der/die Jugendliche sollte nicht durch einen verspäteten Beginn des Beratungsgesprächs, durch eine Verkürzung der Gesprächsdauer seitens des/der Berater*in oder durch eine nicht vorab vereinbarte Verlängerung der Beratungsstunde irritiert werden. Es ist wichtig, immer im Blick zu haben, dass jede Unregelmäßigkeit zu Störungen auf der Beziehungsebene führen kann: „Bin ich dem Berater nicht so wichtig, dass er pünktlich zum vereinbarten Termin das Gespräch beginnt?" „Weshalb verkürzt sie heute das Gespräch? Fand die Beraterin das uninteressant oder belanglos, was ich gesagt habe?" „Hat der Berater letztes Mal eine halbe Stunde länger gemacht als geplant, weil ich kurz vor Schluss noch etwas Wichtiges angesprochen habe? Und verlängert er das heutige Gespräch nicht, weil er mich heute nicht so interessant findet? Langweile ich ihn heute?" Solche Fragen können entstehen und die Beratungsbeziehung stören oder sogar gefährden.

Aus diesem Grund sind klare, eindeutige Verabredungen als Rahmen für eine verlässliche, von Vertrauen getragenen Beratungsbeziehung wichtig. Der/die Klient*in sollte sich darauf verlassen können, dass dem/der Berater*in der Beratungstermin genauso wichtig ist wie ihm oder ihr. Er oder sie sollte die Gewissheit haben, dass der pünktliche Beginn und die pünktliche Beendigung eines Beratungsgesprächs nicht von seiner oder ihrer Beziehung zum/zur Berater*in abhängt, sondern dass dies den verlässlichen Rahmen der Beratung darstellt.

Selbstverständlich kann es immer wieder dazu kommen, dass der vereinbarte Rahmen nicht wie gewünscht und geplant eingehalten werden kann: Krankheit des/der Berater*in, unvorhergesehene Krisenfälle sowie nicht planbare Beratungsbedarfe im Rahmen der Präsenzzeiten bzw. Offenen Sprechstunden (vgl. 2.3) können den geplanten zeitlichen Ablauf eines Beratungsgespräches stören. Der Beginn kann sich verzögern oder die Dauer muss unplanmäßig verkürzt werden. Das ist nicht schön, aber im Alltag einer Beratungsstelle unvermeidlich. In diesen Fällen ist es wichtig, dem/der Klient*in klar und transparent zu vermitteln, was der Grund für die Störung des geplanten Ablaufs ist. In aller Regel stößt es bei Klient*innen auf Verständnis und führt nicht zu Irritationen auf der Beziehungsebene, wenn sie wissen, dass die Verspätung oder Verkürzung nichts mit ihnen und ihrer Beziehung zu dem/der Berater*in zu tun hat, sondern mit der Notsituation eines anderen jungen Menschen oder dem organisatorischen Ablauf in der Beratungsstelle. Aber diese Transparenz ist wichtig. Keine Verspätung, Verkürzung oder Absage sollte ohne Entschuldigung und Erklärung seitens des/der Berater*in bleiben. Das Gefühl von Verlässlichkeit und Vertrauen ist elementar für eine gute Beratungsbeziehung und einen erfolgreichen Beratungsverlauf. Es darf nicht dadurch gefährdet werden, dass die Klient*innen durch Unklarheiten oder mangelnde Verlässlichkeit auf der Beziehungsebene verunsichert werden oder sich und ihr Anliegen nicht ernst genug genommen fühlen.

Beratungsfrequenz und -dauer

Für eine erfolgreiche Beratung junger Menschen ist es hilfreich, wenn es keinen vorgegebenen Rahmen gibt, an den sich der/die Ratsuchende anpassen muss, sondern wenn die Rahmenbedingungen der Beratung möglichst frei zwischen dem/der Ratsuchenden und dem/der Berater*in vereinbart werden können. Eine Orientierung von Beratungsfrequenz und -dauer an den Bedarfen der Ratsuchenden ist sinnvoll und sollte möglich sein. So unterschiedlich wie die Problematiken und Persönlichkeiten, so unterschiedlich sind auch die Wünsche an den Rahmen von Jugendberatung. Je besser das Angebot zur Nachfrage passt, umso größer ist die Wahrscheinlichkeit der Wirksamkeit von Jugendberatung.

Der Bedarf hinsichtlich der Frequenz von Beratungsterminen und der Gesamtdauer einer Beratung ist sehr unterschiedlich. Zu Beginn einer Beratung und in Krisenphasen kann eine hohe Frequenz (z.b. wöchentliche Termine) hilfreich sein. Bei einem längeren Beratungsprozess kann sich in der Regel die Frequenz verringern. Zweiwöchige Terminvereinbarungen haben sich in vielen Fällen bewährt. Aber auch noch größere Abstände (z.b. monatlich, vierteljährlich) können sinnvoll sein, wenn es zum Beispiel um die Sicherung einer emotionalen Stabilisierung geht. Manchmal empfiehlt es sich auch, einen Beratungsprozess noch nicht offiziell zu beenden, sondern einen weiteren Termin nach Bedarf zu vereinbaren. So bleibt eine Absicherung für den Notfall erhalten und die Autonomieerfahrung, die Sicherheit, im Regelfall allein zurecht zu kommen, wird gefördert.

In Krisenzeiten (z.b. bei der Gefahr von Selbstverletzung oder bei Suizidgefährdung) kann es sinnvoll bzw. notwendig sein, auch zwischen den vereinbarten Gesprächsterminen noch Kontaktmöglichkeiten anzubieten. Hier bieten sich Telefonate oder Kontakte über einen Messengerdienst an. Allerdings sollte in diesen Fällen sehr klar vereinbart werden, wann der/die Berater*in erreichbar ist und mit welcher Reaktionszeit bei einer Kontaktaufnahme des/der Klient*in zu rechnen ist.

Die Gesamtdauer einer Beratung ist sehr vom individuellen Bedarf abhängig. Bei klar begrenzten Fragestellungen und Informationsfragen findet häufig nur ein einziges Gespräch statt. Je differenzierter und persönlicher die Beratungsthemen werden, umso länger dauern die Beratungsprozesse in der Regel. Wenn es sich um ein klar abgegrenztes Thema handelt („Auf welche Schule gehe ich nach den Sommerferien?" „Kann ich von zu Hause ausziehen?") ist die Beratungsdauer in der Regel eher kurz. Wenn es sich dagegen um psychische oder längerfristige soziale Probleme handelt („Meine Mutter ist Alkoholikerin", „Ich werde in der Schule gemobbt", „Ich habe den Drang mich selbst zu verletzen", „Ich habe starke Prüfungsängste"), finden die Beratungen häufig über einen längeren Zeitraum regelmäßig statt. Die längsten Beratungsprozesse sind häufig diejenigen, bei denen es um „Nachsozialisation" geht (vgl. 2.1). Gemeint sind damit Jugendliche und junge Erwachsene, die erhebliche psychische Probleme haben und denen eine stabile erwachsene Vertrauensperson in ihrer unmittelbaren Umgebung fehlt. Häufig stehen ein oder beide Elternteile nicht verlässlich zur Verfügung. Für diese jungen Menschen kann der/die Berater*in eine Vertrauensperson werden, die sie in einer wichtigen Lebensphase begleitet und ihnen Stabilität vermittelt. Durch die Beratung kommt es dann zu einem - bisweilen durchaus langen - Prozess der „Nachbeelterung".

Insgesamt hat es sich bewährt, wenn es keinen von außen vorgegebenen Rahmen für einen Beratungsprozess gibt, sondern wenn dieser sich aus dem Beratungsverlauf und den Beratungsnotwendigkeiten ergibt. Beratung kann einmalig sein. Sie kann sich über einen mehr oder weniger langen Zeitraum erstrecken. Sie kann regelmäßig stattfinden, aber auch unregelmäßig und nach Bedarf. Sie kann beendet, unterbrochen und im Bedarfsfall wieder neu aufgenommen werden.

Sinnvoll ist es bei einem längeren Beratungsprozess in gewissen Abständen gemeinsam über den Beratungsverlauf zu reflektieren, die Zielerreichung zu überprüfen und gegebenenfalls die Ziele zu modifizieren. Auch die Dauer und eine mögliche Beendigung eines Beratungsprozesses sollte dabei thematisiert werden, da bei länger dauernden Beratungsprozessen die Gefahr besteht, dass die Beratung zu einem Teil der Lebensgestaltung wird, zu einem Hilfsmittel zur Bewältigung des Alltags. Auch wenn dies in Einzelfällen und zeitlich begrenzt sinnvoll sein kann, stellt es keine langfristige Perspektive dar. Zum einen müssen die Kapazitäten der Beratungsstelle im Blick behalten werden und zum anderen widerspricht es dem Ziel einer eigenständigen und emanzipatorischen Persönlichkeitsentwicklung, sich zu stark an einen/eine Berater*in zu binden. Aus diesem Grunde ist eine regelmäßige Reflexion über den Beratungsverlauf sinnvoll und fachlich notwendig. Die Beendigung eines Beratungsprozesses sollte nach Möglichkeit im gegenseitigen Einvernehmen erfolgen. Sie sollte eine abschließende Reflexion und einen perspektivischen Ausblick auf die weiteren Entwicklungsschritte beinhalten.

Nach § 36,2 SGB VIII ist die Hilfeerbringung im Rahmen eines Hilfeplanverfahrens geregelt: „Die Entscheidung über die im Einzelfall angezeigte Hilfeart soll, wenn Hilfe voraussichtlich für längere Zeit zu leisten ist, im Zusammenwirken mehrerer Fachkräfte getroffen werden. Als Grundlage für die Ausgestaltung der Hilfe sollen sie zusammen mit dem Personensorgeberechtigten und dem Kind oder dem Jugendlichen einen Hilfeplan aufstellen, der Feststellungen über den Bedarf, die zu gewährende Art der Hilfe sowie die notwendigen Leistungen enthält; sie sollen regelmäßig prüfen, ob die gewählte Hilfeart weiterhin geeignet und notwendig ist." Auch wenn ein derart formalisiertes Vorgehen im Kontext von Jugendberatung eher wenig praxisnah erscheint, ist diese Aussage im Kinder- und Jugendhilfegesetz doch ein Hinweis darauf, dass ein längerfristiger Beratungsprozess sowohl im Rahmen einer fachliche Begleitung durch das Team einer Beratungsstelle als auch einer regelmäßige Reflexion mit den am Beratungsprozess Beteiligten erfolgen soll.

Abschließend muss erwähnt werden, dass viele Beratungsprozesse auch dadurch beendet werden, dass die Klient*innen einen vereinbarten Termin nicht wahrnehmen und sich auch nicht im Nachhinein melden. Auch wenn dieser Umstand für die Arbeit der Beratungsstelle ungünstig ist, weil vorgehaltene Beratungskapazitäten nicht genutzt werden, muss er als Realität akzeptiert werden. Eine Beratungsabbruch ohne offizielle Beendigung, Verabschiedung und Reflexion hinterlässt bei dem/der betroffenen Berater*in in der Regel ein unbefriedigendes Gefühl, da der Grund für den Abbruch unklar bleibt: Ist es ein Ausdruck von erfolgreicher Problemlösung? Ist der/die Klient*in enttäuscht oder entmutigt? War er oder sie mit dem Verlauf der Beratung unzufrieden? Hat der Abbruch mit der Persönlichkeitsstruktur des/der Klient*in zu tun? Diese Fragen bleiben offen. Ein Abbruch irritiert den/die Berater*in. Manchmal ist er auch Anlass zur Sorge, besonders wenn sich in der bisherigen Beratung ein erheblicher Leidensdruck des jungen Menschen gezeigt hat oder wenn es sich möglicherweise sogar um Kindeswohlgefährdung handeln könnte. Es ist im Einzelfall abzuwägen, ob dann seitens des/der Berater*in versucht wird, den Kontakt zu dem/der

Jugendlichen wiederherzustellen (z.B. durch ein Telefonat, einen Brief oder eine Kurznachricht), ob ggf. Personensorgeberechtigte einbezogen werden müssen oder ob der Abbruch als Ausdruck des freien Willens des/der Klient*in respektiert wird. Reflektierende Fallbesprechungen im Kolleg*innenkreis oder in der Supervision können bei dieser Abwägung hilfreich sein.

Terminvereinbarungen

Auch wenn es jungen Menschen nicht immer ganz leichtfällt, sich auf Terminvereinbarungen einzulassen und diese auch noch einzuhalten, ist es dennoch sinnvoll, im Regelfall mit festen Terminen für die Beratungsgespräche zu arbeiten. Zum einen ist es für den Ablauf und die Koordinierung der Beratungsarbeit unerlässlich, dass die Arbeitszeit möglichst effizient verplant wird. Zum anderen ist es auch für die Klient*innen wichtig, einen möglichst verlässlichen Rahmen in der Beratung zu haben. Verlässlichkeit sorgt für Sicherheit, Vertrauen und Orientierung. Verlässlichkeit stärkt das Gefühl respektiert und ernst genommen zu werden. Darüber hinaus ist es auch für die Entwicklung der jugendlichen Klient*innen wichtig, verlässlich sein und Vereinbarungen einhalten zu können. 17 Uhr heißt 17 Uhr (mit einer gewissen Toleranz von vielleicht 5 Minuten). Diese Form von Verbindlichkeit sollte sowohl für den/die Berater*in als auch für die Klient*innen selbstverständlich sein. Natürlich gibt es auch hier immer wieder Ausnahmen, wenn z.B. ein unerwarteter Präsenzfall (s. 2.3) die Zeitplanung durcheinandergebracht hat. Dieses kann und sollte dann jedoch auch mit dem/der Klient*in kommuniziert und erläutert werden.

Es kann zudem diagnostisch aufschlussreich sein, ob jemand häufig zu früh, zu spät oder exakt pünktlich kommt. Nicht selten entwickeln sich aus der mehr oder minder guten Termineinhaltung aufschlussreiche Gespräche in der Beratung, die Hinweise auf die Persönlichkeitsstruktur des/der Klient*in vermitteln. Manche Klient*innen halten es schlecht aus, im Wartebereich zu warten, andere sind nicht gut organisiert, wollen immer noch schnell etwas erledigen und kommen daher häufig zu spät. Manche haben Angst davor, einen schlechten Eindruck zu machen, wenn sie zu spät kommen und Erwartungen enttäuschen, und kommen daher lieber zu früh. Und wieder andere können sich Termine gar nicht merken oder wissen nicht einmal, welcher Wochentag ist. Das Kärtchen mit dem Termin ist dann meist auch verschwunden. Das mehr oder weniger gute Zeitmanagement eines/einer Klient*in sagt häufig viel über die Alltagsorganisation und die Persönlichkeit aus.

Verpasste Termine

In einer Beratungsstelle für Jugendliche und junge Erwachsene passiert es nicht selten, dass Termine nicht eingehalten, nicht wahrgenommen oder verpasst werden. Eine Ausfallquote vereinbarter Termine um die 25% ist nicht unüblich. Die Ausfälle sind abhängig von der Sozialisation der Klientel. Je strukturierter die jungen Menschen sonst in ihrem Alltag leben und arbeiten, umso zuverlässiger nehmen sie auch vereinbarte Beratungstermine wahr. Je mehr das Leben der Klient*innen von Unbeständigkeit und Unzuverlässigkeit gekennzeichnet ist (z.B. unregelmäßiger Schulbesuch, abgebrochene Ausbildungs- oder Arbeitsverhältnisse, häufiger Drogen- und/oder Alkoholgebrauch), umso häufiger werden auch Termine „vergessen" oder Beratungen durch einfaches Fernbleiben beendet.

Es ist ratsam, bereits frühzeitig zu Beginn einer Beratung zu thematisieren, dass es passieren kann, dass mal ein Termin verpasst wird. Dem/der Klient*in kann dann „vorbeugend" die Information gegeben werden, dass ein verpasster Termin kein Grund für Scham und Vermeidung weiterer Beratungskontakte sein muss. Nicht selten trauen sich nämlich Klient*innen nach einem verpassten Termin nicht mehr, sich wieder zu melden und einen neuen Termin zu vereinbaren. Wenn diese Möglichkeit bereits vorab ohne konkreten Anlass thematisiert wurde, kann dies die Hemmschwelle, sich nach einem verpassten Termin wieder zu melden, senken.

Falls es bei einem/einer Klient*in wiederholt zu verpassten oder abgesagten Terminen kommt, ist es ratsam, dieses in der Beratung zu thematisieren. Die Wahrscheinlichkeit, dass diese Ausfälle nicht zufällig sind, ist relativ hoch. Möglicherweise gibt es eine Störung in der Beratungsbeziehung oder die Ausfälle sind Ausdruck von Vermeidungsverhalten bei emotional negativ besetzten Beratungsthemen.

Wenn sich bei einem/einer Klientin Terminausfälle häufen, kann es sinnvoll sein, keine weiteren Termine mehr zu vergeben, sondern auf die Präsenzzeiten (Offene Sprechstunden) zu verweisen. Zu diesen Zeiten ist es möglich, ohne vorherige Terminvereinbarung das Beratungsangebot in Anspruch zu nehmen. Der junge Mensch muss dann allerdings mögliche Wartezeiten und unter Umständen einen/eine andere Berater*in in Kauf nehmen.

Nach Möglichkeit sollte eine Beratung wegen gehäufter Terminausfälle nicht seitens der Beratungsstelle abgebrochen werden, da zum einen trotz der Unzuverlässigkeit ein Leidensdruck bestehen kann und zum anderen junge Menschen auch einen Beratungsanspruch nach SGB VIII haben.

Nutzen und Kosten sollte für den Träger der Beratungsstelle jedoch in einem vertretbaren Verhältnis zueinander stehen. Während der Präsenzzeit ist in der Regel ohnehin ein Puffer für Spontanmelder*innen vorgehalten, so dass für unzuverlässige Klient*innen keine zusätzliche Beratungskapazität vorgehalten werden muss. Es sollte immer im Blick behalten werden, dass sich nicht in erster Linie die Ratsuchenden an die Struktur der Beratungseinrichtung anzupassen haben, sondern dass das Beratungsangebot zur Persönlichkeitsstruktur des ratsuchenden jungen Menschen passen sollte. Nur wenn es der Jugendberatung gelingt, diesen Grundsatz in der Praxis zu beherzigen, kann auch solches Klientel durch das Beratungsangebot erreicht werden, das sonst häufig durch die Maschen fällt, weil es nicht den mittelstandsorientierten gesellschaftlichen Erwartungen und Normen entspricht.

Der Beratungsprozess

Die Beratung eines/einer Jugendlichen oder eines/einer jungen Erwachsenen ist ein sehr individueller Prozess. Es ist sinnvoll, jedoch nicht in jedem Fall möglich, zu Beginn eines Beratungsprozesses eine klare Problembeschreibung und eine Zielvereinbarung vorzunehmen. Dies erleichtert es, zwischendrin eine Standortbestimmung vorzunehmen, die Fortschritte bei der Zielerreichung zu reflektieren und gegebenenfalls Ziele zu modifizieren oder zu erweitern. Häufig laufen Beratungsprozesse jedoch nicht so strukturiert ab, wie das ideal wäre. Junge Menschen kommen mit einem Gefühl von Unzufriedenheit oder Unglücklichsein in die Beratung, verstehen selbst noch nicht, woher dieses Gefühl rührt und können auch nicht exakt sagen, was sich in ihrem Leben verändern sollte. Es soll nur besser werden.

Es kann somit in einem Beratungsprozess darum gehen, zunächst diese Unklarheit und Verwirrtheit gemeinsam zu ertragen und allmählich ein gemeinsames Verständnis dafür zu entwickeln, was in dem Leben des jungen Menschen nicht rund läuft. Dieser Prozess kann sich über einen längeren Zeitraum hinziehen. Das Verständnis für eine Problematik und ihre Hintergründe entwickelt sich in diesen Fällen erst im Laufe des Prozesses. Deshalb macht es auch Sinn, von einer „prozessualen Diagnostik" (vgl. 2.5) zu sprechen. Klient*in und Berater*in entwickeln in einem gemeinsamen Prozess ein Verständnis für die Problematik. Erst dann können mögliche Zielvorstellungen konkretisiert und auch Widerstände bei den anstehenden Veränderungsschritten erkannt und reflektiert werden.

Greta (Name geändert) kam mit Suizidgedanken und Selbstverletzungsverhalten in die Beratung. Ihr ging es schlecht, sie war depressiv und fühlte sich emotional verwirrt, ohne angeben zu können, was hinter diesen Gefühlen steckte. Greta konnte weder die Ursache ihrer Probleme benennen noch klare Ziele formulieren. Trotzdem war die Beratung für sie sehr wichtig. Sie kam regelmäßig, weil sie merkte, dass die Beratungsgespräche ihr gut tun und sie von Suizidversuchen abhalten. Sie fühlte sich emotional stabilisiert. Gleichzeitig kam sie zunächst aber in ihrer persönlichen und beruflichen Entwicklung nicht voran, fühlte sich krank und nicht ausbildungsfähig. Im Laufe eines längeren Zeitraums suchte Greta mit Unterstützung durch die Jugendberatung weitergehende Angebote auf. Ambulante, teilstationäre und stationäre Therapien halfen ihr dabei, allmählich ein Verständnis dafür zu entwickeln, was mit ihr eigentlich los war: Greta war als Kind und Jugendliche mehrfach sexuell missbraucht wurde und hatte die Erinnerung daran verdrängt. Erst dadurch, dass ihr diese verdrängten Erlebnisse bewusst wurden, konnte sie den Stillstand in ihrer Entwicklung überwinden und neue Schritte gehen. Sie zog aus dem Elternhaus aus und begann nach langer Zeit der Arbeitsunfähigkeit eine Ausbildung.

Gretas Geschichte ist ein in der Jugendberatung eher seltener, extremer Fall. Nicht so selten ist es aber, dass die Ratsuchenden zu Beginn eines Beratungsprozesses kaum Zugang zu den Hintergründen ihrer Problematik haben, keine klaren Ziele benennen können und sich nicht dessen bewusst sind, welche Widerstände einer Veränderung entgegenstehen. Für den/die Berater*in bedeutet dies, im Beratungsprozess vorsichtig, tastend und verständnisvoll vorzugehen, in einem gemeinsamen Suchprozess allmählich Zugang zu den Hintergründen einer Problematik zu erlangen, Veränderungsschritte behutsam zu begleiten und Widerstände sowie Widersprüche zu akzeptieren.

Übergänge spielen in der Adoleszenzphase eine besondere Rolle. Der Übergang vom Auszug aus dem Elternhaus zum Einzug in eine eigene Wohnung oder eine Wohngemeinschaft ist zum Beispiel meist von Ambivalenz geprägt: Die Loslösung aus der Familie -auch wenn die familiären Beziehungen ungünstig gewesen sein mögen -bedeutet meist auch einen Verlust: von Sicherheit, von eingespielten Rollenmustern, von Aufmerksamkeit. Die Verselbständigung in einer eigenen Wohnung ist meist auch mit Angst und Unsicherheit verbunden: vor der hohen Eigenverantwortung, der möglichen Einsamkeit, einer eventuellen Überforderung, einer veränderten Rolle. Solche Ängste und Unsicherheiten sind es häufig, die einer Veränderung entgegenstehen und Widerstände erzeugen. Als Berater*in ist es wichtig, sensibel für die mit Veränderung verbundenen Ängste zu sein und Verständnis für die Widerstände bei den Veränderungsprozessen zu entwickeln. „Widerstand muss man schmelzen, nicht brechen" – dieser Leitsatz ist im Umgang mit diesen widersprüchlichen Entwicklungsprozessen ein guter Ratgeber.

In den meisten Beratungsfällen ist die Problembeschreibung und auch das Ziel von Veränderung deutlich leichter zu beschreiben als in dem obigen Beispiel von Greta. Wer Prüfungsangst hat, möchte die loswerden. Wer sich einsam fühlt, möchte Freund*innen finden. Wer sich gemobbt fühlt, möchte, dass das Mobbing aufhört. Wer abends mit seinen Freund*innen in die Disco möchte, möchte dass die Eltern das erlauben. Wer vor dem Schulabschluss steht, möchte eine weiterführende Perspektive haben. Wer eine Gerichtsauflage zur Beratung bekommen hat, möchte diese Auflage erfüllen und den Druck der Justiz loswerden.

In diesen Fällen ist das Problem einfach und verständlich - und das Veränderungsziel auch. Mit Widerständen haben es die Beteiligten in der Beratung allerdings trotzdem häufig zu tun: die Angst vor Ablehnung, die Angst, dass alles noch schlimmer werden könnte, die Angst vor Stress mit den Eltern, die Angst sich womöglich falsch zu entscheiden, die Angst über sich zu sprechen. Widerstand ist ein häufiges Phänomen in der Beratung. Wenn es ihn nicht gäbe, wäre schließlich gar keine Beratung nötig. Wenn das Problem klar und das Ziel benannt ist, könnte man es ja einfach umsetzten -wenn, ja wenn es diesen Widerstand nicht gäbe.

Beratung von jungen Menschen bedeutet für den/die Berater*in daher, sensibel und verständnisvoll mit den Veränderungswiderständen umzugehen. Der/die Jugendliche sollte Verständnis für die eigenen Widerstände entwickeln und in der Beratung Wege finden, diese Widerstände „abzuschmelzen". Je besser dies gelingt, umso erfolgreicher wird der Beratungsprozess sein. Mut zu Eigenständigkeit und emotionaler Unabhängigkeit, Mut zu Konflikten, Mut auch mal einen Fehler zu machen, Mut sich dem anderen gegenüber zu zeigen - all dies lässt sich entwickeln. Für diese Entwicklung braucht es Verständnis, Ermutigung, Geduld und Zeit. Jugendberatung kann dabei helfen, die Widerstände junger Menschen gegen ihre eigene Weiterentwicklung abzuschmelzen.

2.5 Prozessuale Diagnostik

Es ist im Rahmen der Beratung von jungen Menschen wenig sinnvoll, zu Beginn eine diagnostische Phase vorzuschalten. Der oder die Ratsuchende sucht jemanden, der ihm oder ihr emphatisch zuhört, Anteil nimmt,

Verständnis zeigt, die Problematik versteht und gemeinsam mit ihm oder ihr bereits im ersten Gespräch Ansätze für Veränderungsschritte entwickelt. Eine objektivierte Diagnosephase mit Hilfe von Fragebögen oder Tests würde nicht zum Anliegen des oder der Klient*in passen und in der Regel eher zu Frustration und Enttäuschung führen - mit der hohen Wahrscheinlichkeit, dass das Folgegespräch nicht zustande kommt. Darüber hinaus ist es fraglich, ob ein objektiviertes Diagnoseverfahren in der Lage sein kann, die komplexe Lebenswirklichkeit eines ratsuchenden jungen Menschen annähernd adäquat abzubilden. Wahrscheinlicher ist es, dass der/die Ratsuchende einem Test oder Fragebogen eher mit Unverständnis gegenübersteht, weil er/sie gekommen ist, um konkrete Antworten auf konkrete Fragen zu finden - und zwar möglichst kurzfristig, am besten schon im ersten Kontakt zur Beratungsstelle.

Es ist daher zielführender, wenn die - selbstverständlich sinnvolle - Diagnostik nicht separiert von dem Beratungsprozess, sondern als dessen integraler Bestandteil erfolgt. Hier bietet das Konzept der „prozessualen Diagnostik" (Rahm, 2011, 148 ff) eine gute Möglichkeit der Verschränkung von Diagnostik und Beratung bzw. Therapie. Diagnostik findet fortlaufend im Beratungsprozess statt, und zwar „eingebettet in einen Rahmen von intersubjektiver Korrespondenz" (ebenda). Diagnostik ist somit ein gemeinsamer Prozess zwischen Berater*in und Klient*in, ein gemeinsamer Verständnis- und Verständigungsprozess über die Problemlage und Ansätze für deren Veränderung. Als gute diagnostische Mittel in diesem Prozess haben sich Verfahren wie Rollenspiele, die Arbeit mit dem Familienbrett, das Soziogramm oder das Genogramm bewährt, während metrische Verfahren in der Regel für den Beratungsprozess selbst wenig erkenntnis- und hilfreich sind.

In Einzelfällen vermag eine metrische Diagnostik bei spezifischen Fragestellungen („Kann die schulische Problematik mit intellektuellen Einschränkungen zu tun haben?", „Liegt eine Psychotraumatisierung vor?") sinnvoll sein, weil sie Erkenntnisse für die weiterführende Beratung oder über sinnvolle Weiterleitungen an spezialisierte Hilfeangebote bieten kann. Diese sollte jedoch in den Beratungsprozess eingebettet sein und auf der Grundlage einer gefestigten Beratungsbeziehung erfolgen.

2.6 Beratungsverfahren

In der Beratungsarbeit ist es von Vorteil, wenn unterschiedliche Beratungs- und Therapieverfahren nicht in Konkurrenz zueinander stehen, sondern sich gegenseitig ergänzen und befruchten. Genauso wie es nicht den/die typischen/typische Klient*in gibt, gibt es auch nicht das eine Verfahren, das für alle Beratungssituationen und alle Ratsuchenden das Mittel der Wahl ist.

In vielen Untersuchungen wurde mittlerweile nachgewiesen, dass die Qualität der Beziehung zwischen Klient*in und Berater*in bzw. Therapeut*in besonders wirksam im Hinblick auf Veränderung und Stabilisierung ist - wirksamer als ein spezifisches Beratungs- oder Therapieverfahren. Aus diesem Grund ist die Haltung der Beraterin oder des Beraters von besonderer Bedeutung. Eine von einer humanistischen Grundhaltung geprägte Wertschätzung der zu beratenden Person und ein offener, akzeptierender und verständnisvoller Beratungsstil bilden die wesentliche Grundlage eines erfolgreichen Beratungsverlaufs. Eine gelingende Beratung orientiert sich an folgenden Leitsätzen:

- „Ich akzeptiere und wertschätze dich - unabhängig von dem, was du getan oder nicht getan hast."
- „Ich respektiere, dass du durch deine persönliche Geschichte so geworden bist, wie du bist."
- „Ich bemühe mich, dich auf dem Hintergrund deiner persönlichen Geschichte und deiner kulturellen Erfahrungen zu verstehen und anzunehmen."
- „Ich halte dich für einen wertvollen Menschen - auch für den Fall, dass ich mich von dem distanziere, was du konkret tust oder getan hast."

Auf der Grundlage dieses humanistischen Verständnisses lassen sich unterschiedliche Verfahren der Beratung anwenden und miteinander kombinieren. In der Jugendberatung bib haben die folgenden Verfahren im Laufe der Jahre den Beratungsstil der Mitarbeitenden geprägt:

- Integrative Therapie (Petzold)
- Tiefenpsychologisch fundierte Psychotherapie (Jaeggi u.a.)
- Klientenzentrierte Gesprächsberatung und Gesprächspsychotherapie (Rogers)
- Konzept integrativer Methodik (Schumann)
- Psychodrama (Moreno)
- Systemische Familientherapie (Satir u.a.)
- (Kognitive) Verhaltenstherapie (Ellis, Beck, Meichenbaum u.a.)
- Psychotraumatologie (Sachsse, Reddemann)

Während die Tiefenpsychologie hilfreich bei der Entwicklung des Verständnisses für die Psychodynamik hinter aktuellen Konflikten auf der Beziehungsebene oder der individuellen Ebene sein kann, helfen die systemischen Ansätze beim Verständnis für die Kontextbedingungen in der Familie oder in sozialen Systemen und deren Beeinflussung. Die verhaltenstherapeutischen Ansätze sind besonders effektiv bei der Umsetzung von gewünschten Veränderungen auf der konkreten Verhaltensebene. Die gesprächstherapeutischen Elemente unterstützen das Gefühl von Selbstakzeptanz und Selbstannahme. Das Zusammenwirken von einem tiefergehenden Verständnis von inneren Konflikten, dem Einwirken auf systemische Bedingungen und der Einflussnahme auf die konkrete Verhaltensebene auf der Basis einer positiven und stützenden Beziehung zum/zur Berater*in und zu sich selbst bietet die beste Gewähr für eine beständige und nachhaltige Entwicklung des jungen Menschen im von ihm/ihr gewünschten Sinne. Beratung wirkt integrativ, wobei Integration in diesem Sinne nicht nur Methodenintegration meint, sondern ebenso die Integration der eigenen, oftmals abgespaltenen oder nicht akzeptierten Persönlichkeitsanteile.

Die Einbeziehung unterschiedlicher Beratungs- und psychotherapeutischer Verfahren ermöglicht es, je nach Problemlage und Veränderungswunsch an-gemessen mit dem vereinbarten Beratungsziel umzugehen. Die Fallbespre-chungen, Supervisionssitzungen und informellen Austausche ermöglichen es, gegenseitig von den Kompetenzen der Kolleg*innen zu profitieren und fallbezogene Anregungen mit in den jeweiligen Beratungsprozess einfließen zu lassen.

In der Jugendberatung geht es in erster Linie um Beratung junger Menschen bei aktuellen, lebensweltbezogenen Fragestellungen, nicht um Psychothe-rapie bei psychischen Störungen von Krankheitswert. Die oben angeführten aus dem psychotherapeutischen Kontext stammenden Verfahren können für das Verständnis einer Problematik und für die Strukturierung von Bera-tungsprozessen hilfreich sein. Dies gilt besonders in den Fällen, wo eine Psy-chotherapie nach dem SGB V (noch) nicht in Frage kommt (vgl. 2.1). In die-sen Fällen kann Jugendberatung die Zeit bis zur Aufnahme einer ambulanten oder stationären Psychotherapie überbrücken.

Jugendberatung beinhaltet jedoch noch anderes und mehr als die Anwen-dung einer oder mehrerer Beratungs- oder Psychotherapieverfahren. Ju-gendberatung ist in der Regel lebenswelt- und gegenwartsbezogen. Es geht um konkrete Probleme und Fragen in der jeweiligen Lebenssituation wie:

- Probleme mit den Eltern
- den Wunsch, von zu Hause auszuziehen
- Unzufriedenheit mit sich selbst
- das Gefühl von Einsamkeit und Alleinsein
- Mangelndes Zutrauen zu sich selbst
- Stimmungsschwankungen oder Suizidgedanken
- traumatische Erfahrungen
- sexuelle Grenzverletzungen (passiv oder aktiv)
- Missbrauchs- oder Misshandlungserfahrungen
- Probleme im Umgang mit der Sexualität
- Fragen der (sexuellen) Identität
- Betroffenheit von Stalking oder Mobbing
- Selbstverletzung
- Probleme mit Alkohol oder Drogen
- Essstörungen
- Schwierigkeiten mit Schule, Ausbildung oder Beruf
- Probleme im Umgang mit Geld.

Diese unvollständige Aufzählung wirft ein Licht darauf, wie vielfältig das Themenspektrum im Rahmen von Jugendberatung ist. Demzufolge müssen die Berater*innen über vielfältige Kenntnisse und Kompetenzen verfügen. Sie sollten Hilfestellung bei sozialrechtlichen und finanziellen Fragen geben können, sich mit dem Bildungssystem gut auskennen, auf das jeweilige soziale System (Familie, Schule, Freundeskreis) eingehen können und bei psychischen Problemen unterstützen können. Neben der Anwendung von beraterischen und therapeutischen Verfahren geht es in der Jugendberatung um aktives Zuhören, einfühlsames Verstehen, Wissensvermittlung und dem Vermitteln eigener Anteile nach dem Prinzip der „selektiven Authentizität" (nach Ruth Cohn).

Jenseits der Anwendung bestimmter Verfahren bedeutet Beratung mit Jugendlichen und jungen Erwachsenen, den jungen Menschen ernst zu nehmen, ihn oder sie auf Augenhöhe zu behandeln, möglichst transparent und authentisch zu sein und die Kenntnisse und Fähigkeiten des/der Berater*in dem jungen Menschen zur Förderung seiner persönlichen Entwicklung zur Verfügung zu stellen. Um diesen Aufgaben adäquat gerecht werden zu können, sind sozialarbeiterische Kenntnisse, sozialpädagogische und psychologische Kompetenzen sowie beraterische und therapeutische Fähigkeiten gefragt. An den Stellen, wo die eigenen Kenntnisse, Möglichkeiten und Fähigkeiten an Grenzen stoßen, hilft sowohl eine gute Kooperation innerhalb des Teams als auch die Vernetzung in der psychosozialen Landschaft weiter.

2.7 Öffentlichkeitsarbeit

Jugendberatung muss immer wieder auf sich aufmerksam machen, da jedes Jahr ein Jahrgang potenzieller Klient*innen hinzukommt und ein anderer Jahrgang die Altersgrenze überschritten hat. Daher ist Öffentlichkeitsarbeit ein elementarer Bestandteil der Arbeit einer Jugendberatung. Junge Menschen sollten wissen, dass es für sie Beratungs- und Unterstützungsmöglichkeiten gibt. Und die Schwelle, diese bei Bedarf in Anspruch zu nehmen, sollte möglichst klein sein.

Die wesentlichste und effektivste Form der Öffentlichkeitsarbeit ist die Mund-zu-Mund-Propaganda. Nichts ist wirksamer und glaubwürdiger als die Empfehlung einer Freundin oder eines Freundes. Wenn dieser oder diese erzählt, welche Erfahrung er/sie mit einem/einer Berater*in gemacht hat, macht dies Mut, es selbst auch einmal zu versuchen. Zusätzlich erleichternd kann es wirken, wenn der/die potenzielle Klient*in sich direkt an den/die empfohlene Berater*in wenden kann oder wenn er/sie von der Freundin oder dem Freund zum ersten Gespräch begleitet wird.

Empfehlungen von erwachsenen Ansprechpartner*innen sind auch hilfreich und können das Aufsuchen der Beratungsstelle erleichtern. Häufig geben die eigenen Eltern, Großeltern, Geschwister oder andere Verwandte den Tipp, sich an die Jugendberatung zu wenden. Aber auch Menschen, die beruflich mit jungen Menschen zu tun haben, können als Multiplikator*innen eine wichtige Vermittlungsrolle spielen, indem sie eine Empfehlung geben, den jungen Menschen zur Jugendberatung begleiten oder sogar im ersten Beratungsgespräch dabei sind. Als Multiplikator*innen sind besonders Ärztinnen und Ärzte, Lehrer*innen und (Schul-)Sozialpädagog*innen zu nennen. Wenn diese eine gute und vertrauensvolle Beziehung zu dem jungen Menschen haben, ist ihre Empfehlung für eine bestimmte Beratungsstelle oder einen/eine bestimmte Berater*in häufig von Gewicht und vermag den/die Betreffende*n ermutigen, den ersten Schritt zu wagen.

An dieser Stelle wird deutlich, dass die Öffentlichkeitsarbeit für eine Jugendberatung nicht nur bei den jungen Menschen selbst ansetzen darf. Sie muss sich auch auf das soziale Umfeld beziehen. Multiplikator*innen sollten die Angebote, Zugangswege und bestenfalls auch die Mitarbeiter*innen einer

Jugendberatung kennen. Diese Kenntnis kann am besten über berufliche Kooperationen, z.B. durch gemeinsame Arbeitskreise oder Weiterbildungen, erlangt werden. Aber auch schriftliche Informationen über E-Mails, Briefe und eine gute Internetpräsenz sind hilfreich. Nicht zuletzt ist eine häufige Präsenz in der Presse, z.B. durch fachliche Beiträge, Interviews oder Veranstaltungsankündigungen, ein wichtiger Bestandteil der Öffentlichkeitsarbeit. Zwar werden Presseartikel häufig nicht direkt von Jugendlichen und jungen Erwachsenen gelesen, aber indirekt entfalten sie über die Multiplikator*innen ihre Wirkung.

Schulklassenbesuche dienen ebenfalls der Öffentlichkeitsarbeit und haben gleichzeitig auch unmittelbaren Beratungscharakter. Auf diese wird in 2.9 vertiefend eingegangen.

Klassische Mittel der Öffentlichkeitsarbeit wie Plakate, Aushänge, Handzettel, Aufkleber, Giveaways (z.B. Kugelschreiber mit Adressenaufdruck und Logo) entfalten auch im Internetzeitalter nach wie vor ihre Wirkung. Plakate, die beim Hausarzt oder im Schulflur aushängen, werden von jungen Menschen oder ihren Eltern wahrgenommen. Handzettel oder Visitenkarten im Aufsteller der Arztpraxis oder des Jugendamtes werden eingesteckt und bei Bedarf kann auf sie zurückgegriffen werden. Auch bei Präventionsveranstaltungen in Schulen, Kinos, Fußgängerzonen usw. sind diese Werbemittel nützlich und werden gerne mitgenommen.

Unerlässlich ist die aktuelle und ansprechende Präsenz im Internet. Auf der Homepage kann über Zugangswege, Öffnungszeiten, das Angebotsspektrum, aktuelle Gruppen- oder Veranstaltungsangebote und auch über die Mitarbeiter*innen und ihre Qualifikationen informiert werden. Eine direkte Möglichkeit der Kontaktaufnahme zur Beratungsstelle über eine E-Mail-Funktion auf der Homepage hat sich bewährt. Hilfreich ist es, wenn der/die Anfragende entscheiden kann, ob er/sie eine telefonische oder eine schriftliche Antwort wünscht.

Auch in den weiteren gängigen Internetmedien wie Facebook, Instagram usw. sollte die Jugendberatung präsent sein. Allerdings ist es nicht ratsam, die Kommentarfunktion zuzulassen oder über das jeweilige Medium in einen öffentlich sichtbaren Dialog zu treten. Kontaktmöglichkeiten sollten aufgezeigt werden, aber eventuelle Kontaktaufnahmen und Dialoge sollten nicht im öffentlichen Raum erfolgen. Allein aus zeitökonomischen Gründen ist von einer Dialogfunktion, die permanent im Blick behalten und betreut werden müsste, Abstand zu nehmen.

Weniger geeignet als Mittel der Öffentlichkeitsarbeit sind kostenintensive und nur kurzzeitig wirkende Aktionen wie Kinowerbung, Werbung in den öffentlichen Verkehrsmitteln (z.B. durch Aufhänger, Werbebeschriftung, Plakataushänge) oder auf Plakatwänden - es sei denn, es findet sich eine externe Finanzierungsmöglichkeit z.B. durch eine Stiftung oder Sponsoren. Im Rahmen des regulären Etats einer Jugendberatung jedoch stehen finanzieller Aufwand und nachhaltiger Nutzen im Sinne eines erhöhten Bekanntheitsgrades dabei in keinem vertretbaren Verhältnis. Effektive Öffentlichkeitsarbeit sollte finanziell im Rahmen bleiben und möglichst langfristige Wirkung entfalten.

2.8 Vernetzung

Nicht nur im Rahmen der Öffentlichkeit spielt eine gute Vernetzung im psychosozialen Bereich eine wichtige Rolle. Vernetzung bildet auch die Basis für eine effektive Beratungsarbeit. Es ist von großem Vorteil, Mitarbeitende in anderen Einrichtungen (wie z.B. Jugendamt, Gesundheitsamt, Schulen, andere Beratungsstellen) persönlich zu kennen und ein kollegial-vertrauensvolles Verhältnis zu ihnen zu entwickeln. Eine gute Vernetzung ermöglicht es, bei Bedarf einen schnellen telefonischen Kontakt herzustellen, sich fachliche Informationen einzuholen, Klient*innen bezogene Klärungen herbeizuführen oder kurzfristige Termine zu vereinbaren. Beratungsarbeit ist sozialräumliche Arbeit und daher ist eine gute Verankerung im sozialen Raum für eine effiziente Beratungstätigkeit unerlässlich.

Neben diesem Nutzen für die konkrete Beratungsarbeit mit Klient*innen ermöglicht eine gute Vernetzung im psychosozialen Bereich auch die Beeinflussung und Veränderung sozialstruktureller Bedingungen und die politische Einflussnahme. Es ist sinnvoll, der Vernetzung einen strukturellen Rahmen zu geben, damit sie politische Wirkung entfalten kann. Die Jugendberatung bib und sein Trägerverein arbeiten in der Stadt Braunschweig zum Beispiel u.a. in folgenden regelmäßigen Arbeitskreisen mit: Fachgruppe Kinder- und Jugendpsychiatrie, Psychosoziale Arbeitsgemeinschaft, Fachausschuss Hilfe zur Erziehung, Mediennetzwerk. Diese Arbeitskreise können auf sozialstrukturelle und gesellschaftliche Probleme hinweisen, Veränderungsmöglichkeiten aufzeigen und somit Lobbyarbeit für Ratsuchende und Mitarbeitende betreiben. Nicht zuletzt stärkt die Präsenz in institutionsübergreifenden Arbeitskreisen auch die Verankerung in der psychosozialen Landschaft und im politischen Umfeld. Eine gute Vernetzungsarbeit sichert die Einrichtung und ihre Angebote.

2.9 Zielgruppenbezogene Ansätze

Jugendberatung ist zunächst unspezifisch. Jeder und jede im definierten Altersspektrum darf zur Beratung kommen und für fast jede Problematik fühlt sich die Jugendberatung bib zuständig - mit Ausnahme von Abhängigkeits- und psychotischen Erkrankungen. Dies schließt nicht aus, dass im Verlaufe des Beratungsprozesses ein/eine Klient*in an eine geeignetere oder spezifischer orientierte Beratungsstelle oder Institution weitervermittelt wird. Aber zunächst wird im Sinne eines ganzheitlichen Ansatzes davon ausgegangen, dass der junge Mensch mit seiner Thematik willkommen und an der richtigen Adresse ist.

Darüber hinaus ist es sinnvoll, wenn es spezielle Angebote der Einzel- und/oder Gruppenberatung für unterschiedliche Themenbereiche gibt - und Kolleg*innen, die für diese Themenbereiche speziell qualifiziert sind. Welche Themenbereiche das sind, ergibt sich aus der jeweiligen Nachfragesituation und auch aus gesellschaftlichen Entwicklungen und Notwendigkeiten. In der Braunschweiger Jugendberatung bib entwickelten sich in den vergangenen Jahren die folgenden zielgruppenbezogenen Ansätze:

Schwer erreichbare Mädchen

Ausgehend von der Beobachtung, dass es bestimmte Gruppen junger Menschen gibt, die selten von sich aus das Beratungsangebot einer Jugendberatung annehmen, obwohl sie wahrscheinlich durchaus Beratungsbedarf haben dürften, wurden aufsuchende Angebote entwickelt. Mit „schwer erreichbaren Mädchen" sind junge Mädchen - häufig mit Migrationshintergrund - gemeint, die eine Förderschule Lernen oder eine Hauptschule besuchen und ungünstige Voraussetzungen haben, einen erfolgreichen und anerkannten Schulabschluss zu erreichen. Sie sind somit auch bei der beruflichen Integration besonderen Schwierigkeiten ausgesetzt. Für diese Mädchen wird an ihrer Schule - teilweise in Kooperation mit einer Schulsozialarbeiterin - eine Mädchengruppe angeboten, die regelmäßig als freiwilliges Angebot stattfindet. Über freizeitorientierte Angebote wie gemeinsames Kochen, Ausflüge oder Schminkkurse werden den Mädchen Gruppenerfahrungen ermöglicht. Es wird damit ein Rahmen geschaffen, der Gespräche über aktuelle Lebensthemen, die eigenen Identität und die berufliche und persönliche Lebensperspektive ermöglicht. Die Gruppenangebote werden gerne angenommen. Teilweise entwickeln sich in der Folge themenspezifische und auf Problemlösung orientierte Einzelberatungen.

Straffällig gewordene junge Menschen

Seit vielen Jahren bildet die Arbeit mit straffällig gewordenen jungen Menschen eine Säule des Beratungsangebotes der Jugendberatung bib. Über diese Säule werden viele - meist männliche - junge Menschen erreicht, die in der Regel nicht von sich aus die Hilfe einer Jugendberatung in Anspruch nehmen würden, da sie andere Konfliktlösungsstrategien bevorzugen. Häufig geht es um Straftaten wie Körperverletzung, Drogendelikte, Diebstahl, Raub und sexuelle Grenzverletzungen. Diese jungen Menschen melden sich zur Beratung an, weil sie im Rahmen einer staatsanwaltschaftlichen Weisung oder eines Urteils des Jugendgerichts eine Beratungsauflage erhalten haben. Der Anlass zur Aufsuchung der Jugendberatung ist demnach in der Regel nicht die eigene Motivation beraten zu werden, sondern die Pflicht, die Auflage zu erfüllen und somit von tiefergreifenden Konsequenzen wie Freiheitsentzug verschont zu werden. Die Beratung ist in diesen Fällen somit im Unterschied zum Regelfall nicht „freiwillig". Dennoch ist es auch bei diesen Klient*innen möglich, wesentliche Voraussetzungen für einen erfolgreichen Beratungsverlauf zu gewährleisten: Der bzw. die Klient*in bleibt der/die Auftraggeber*in, Ziele und Inhalte der Beratung werden zwischen Klient*in und Berater*in vereinbart, die Schweigepflicht wird eingehalten und es gibt keinen direkten Austausch mit der Justiz oder der Jugendgerichtshilfe - es sei denn, es liegt explizit eine Schweigepflichtentbindung vor. Zum Nachweis der Auflagenerfüllung kann der/die Klient*in eine entsprechende Bescheinigung zur Vorlage beim Gericht, der Staatsanwaltschaft oder der Jugendgerichtshilfe erhalten. Nur im Falle des Nichterscheinens des jungen Menschen oder der Weigerung, sich auf die Beratungsgespräche einzulassen, erfolgt eine entsprechende Rückmeldung durch die Jugendberatung an die Justizorgane.

Die jahrelange Erfahrung mit dieser Form der Beratung zeigt, dass Beratung im „Zwangskontext" durchaus sinnvoll sein kann. Wenn eine Beziehungsgestaltung in der Beratungssituation erfolgreich gelingt, zeigen die jungen Menschen häufig Bereitschaft, sich mit sich selbst, ihrer Lebenssituation und den Hintergründen der Straftat auseinanderzusetzen. Das Interesse, einerseits die Auflage zu erfüllen und andererseits in Zukunft nicht wieder dem Strafverfolgungsdruck ausgesetzt zu sein, führt in vielen Fällen zu einer Veränderungsmotivation, die eine genügend gute Basis für konstruktive

Beratungsgespräche bietet - wohlgemerkt mit Klient*innen, die ohne die Auflage wahrscheinlich niemals das Beratungsangebot der Jugendberatung in Anspruch genommen hätten. Es ist wahrscheinlich, dass die Klient*innen als Folge der Beratung perspektivisch weniger Konflikte mit dem Gesetz haben, als es ohne die Beratung der Fall gewesen wäre. Empirisch überprüft wurde das jedoch bisher nicht.

Es gibt selbstverständlich auch Jugendliche mit einer gerichtlichen oder staatsanwaltschaftlichen Beratungsauflage, die vereinbarte Termine nicht wahrnehmen, sich nicht mit ihrer Straftat auseinandersetzen wollen oder die Straftat überhaupt bestreiten. Ihre Zustimmung, die ja Voraussetzung für die Beratungsauflage ist, begründen sie damit, dass ihr/ihre Verteidiger*in dazu geraten hätten oder dass sonst eine Strafe noch härter ausgefallen wäre. Wenn vereinbarte Beratungsgespräche nicht stattfinden, wird dies entsprechend an die Justizorgane rückgemeldet. Wenn keine inhaltliche Beratung zustande kommt, weil dazu keine Bereitschaft des/der Klient*in besteht, kann die Beratung auch seitens des/der Berater*in beendet werden. In diesen Fällen wird dies auch entsprechend an die Justiz zurückgemeldet, die dann über Ersatzmaßnahmen befinden muss.

Sexuelle Grenzverletzer

Ein besonderer Aspekt der Arbeit mit straffällig gewordenen jungen Menschen stellt die Arbeit mit sexuellen Grenzverletzern dar. Hier handelt es sich in der Regel um männliche Jugendliche und junge Erwachsene, die sich im Umgang mit sexuellen Handlungsweisen strafbar gemacht haben. Das Spektrum der Grenzverletzungen reicht von Straftaten wie unerwünschtes Versenden pornografischen Materials, sexuelle Belästigung, Erpressung, Missachtung des Rechtes am eigenen Bild, sexueller Kindesmissbrauch bis hin zu sexueller Nötigung und Vergewaltigung. In Braunschweig hat die Jugendberatung bib in Kooperation mit der Jugendstaatsanwaltschaft, den Jugendrichter*innen und der Jugendgerichtshilfe ein Projekt „Sexuelle Grenzverletzer" entwickelt, das mittlerweile zum Standardangebot der Beratungsstelle gehört. Jugendliche und junge erwachsene Sexualstraftäter bekommen - ihr Einverständnis vorausgesetzt - die Weisung, sich im Rahmen einer Jugendberatung mit sich selbst, ihren Taten und deren Folgen auseinanderzusetzen. Bei Ersttätern handelt es sich in der Regel im Rahmen einer staatsanwaltschaftlichen Weisung um fünf Beratungsstunden, in denen diese

Themen systematisch behandelt werden. Bei Wiederholungstätern oder schwerwiegenden Sexualstraftaten kann die Auflage zur Jugendberatung auch Bestandteil des Urteils des Jugendgerichtes sein und eine höhere Anzahl von Beratungsstunden umfassen bzw. sich über einen längeren Zeitraum erstrecken.

Die Erfahrungen mit der Arbeit mit sexuellen Grenzverletzern sind überwiegend positiv. Zwar gibt es auch junge Menschen, die ihre Taten negieren oder bagatellisieren, die meisten Betroffenen sind jedoch beeindruckt oder schockiert von den juristischen Folgen ihrer Taten und haben eine hohe Motivation die Beratungsauflage zu erfüllen.

Zum Beratungsprozess gehören in der Regel folgende Phasen:

- Kennenlernen, Rahmenbedingungen der Beratung, Tat aus Täterperspektive
- Tat aus Opferperspektive, Stärkung der Empathiefähigkeit
- Psychosoziale Rahmenbedingungen, Einbettung der Tat in den sozialen Kontext
- Alternative Verhaltensmuster erarbeiten
- Informationen über das Sozialstrafrecht, Bilanz und Perspektive

Der hier aufgezeigte Beratungsansatz ist bei Ersttätern, die keine psychopathologische Auffälligkeiten wie Pädophilie oder dissoziale Persönlichkeitsstörung zeigen und die über ein Mindestmaß an Empathiefähigkeit verfügen, nach unserer Erfahrung hilfreich und präventiv wirksam. Die jungen Menschen lernen auf der einen Seite mehr über sich selbst, ihre Motivationslage und Bedürftigkeit kennen, auf der anderen Seite können sie sich in Folge der Beratung besser in die Perspektive ihrer Opfer einfühlen und sich der Konsequenzen ihrer Taten für die Betroffenen bewusster werden. Sie erlangen Kenntnis von der juristischen Einordnung ihrer Taten und deren strafrechtlichen Folgen. Schließlich können sie alternative, sozial kompatible Verhaltensweisen im Umgang mit ihren sexuellen Bedürfnissen erlernen und diese in künftige Beziehungen besser als zuvor realisieren.

Geflüchtete junge Menschen

Ausgelöst durch die Flüchtlingswelle im Jahr 2015 wurden Beratungsangebote für unbegleitete minderjährige und junge erwachsene Flüchtlinge entwickelt. Im Umgang mit diesem Personenkreis ergeben sich spezifische Besonderheiten für die Beratungsarbeit:

Bei jungen Geflüchteten, die noch nicht lange in Deutschland leben, besteht zunächst die Verständigungsproblematik. Junge Menschen aus Afrika oder dem Nahen Osten sprechen kaum Deutsch, die Berater*innen in der Regel weder Arabisch noch eine afrikanische Sprache. Eine Verständigung in englischer oder französischer Sprache ist meist nur ansatzweise und oberflächlich möglich. Eine differenzierte Beratung, in der auf persönliche Erfahrungen von Verfolgung und Flucht, auf psychische Befindlichkeiten oder unsichere Zukunftsaussichten eingegangen wird, ist auf diese Weise in der Regel kaum möglich.

Einen Ausweg kann hier der Einsatz eines/einer Sprachmittler*in bieten. Dabei ergibt sich zunächst die Frage nach der Finanzierung der Sprachmittlertätigkeit, die entweder als außerordentliche Leistung vom örtlich zuständigen Fachbereich Kinder, Jugend und Familie oder von der Beratungseinrichtung bzw. ihrem Träger selbst zu leisten ist. Weiterhin zeigt sich in der Praxis, dass eine gute Vorbereitung eines Beratungsgespräches mit einem oder einer Sprachmittler*in sinnvoll und notwendig ist. Ein bereits bestehendes vertrauensvolles Verhältnis zwischen Berater*in und Sprachmittler*in kann sehr hilfreich sein, jedoch in der Regel nicht vorausgesetzt werden. Im Beratungsprozess ist es sinnvoll, wenn die Übersetzungen sinngemäß, aber nicht wörtlich stattfinden, da sich emotionale Inhalte kaum Wort für Wort übersetzen lassen und die unterschiedlichen Sprachen auch sehr unterschiedliche Ausdrucksformen haben. Auf der anderen Seite besteht die Gefahr, dass der/die Sprachmittler*in eigene Inhalte und Bewertungen mit in die Übersetzung einfließen lässt und somit Aussagen oder Fragen des/der Beratenden und des/der Ratsuchenden nicht sinngemäß weitervermittelt oder durch eigene Ergänzungen bzw. Kommentare verfälscht werden. Außerdem kommt es in der Beratung mit Sprachmittler*innen nicht selten zu der Situation, dass der/die Ratsuchende sich dem/der Sprachmittler*in zuwendet und dort den Blickkontakt und die sprachliche Verständigung sucht - schließlich stammt er/sie meist aus dem eigenen Kulturkreis. Die Thematisierung und Bearbeitung emotional besetzter Themen in dieser triadischen Situation sind daher häufig schwierig.

Hinzu kommt, dass junge Geflüchtete häufig aus Kulturkreisen stammen, in denen es so etwas wie professionelle Beratung zu psychosozialen Themenbereichen gar nicht gibt. Wenn es Probleme gibt, wird allenfalls eine Ärztin oder ein Arzt aufgesucht. Es wird über körperliche Schmerzen oder Symptome wie Kopfschmerzen, Schlaflosigkeit oder Herzrasen gesprochen, jedoch kaum über psychische Probleme, traumatisierende Erlebnisse oder existentielle Sorgen. Entsprechend fremd stehen die jungen Klient*innen häufig auch einem/einer deutschen Berater*in gegenüber, so dass sie auf differenzierte Fragen kaum adäquat eingehen können. Wichtig ist in diesem Zusammenhang auch zu betrachten, dass die meisten geflüchteten jungen Menschen negative Erfahrungen mit staatlichen Einrichtungen gemacht haben und daher eher zurückhaltend, vorsichtig oder misstrauisch sind. Beratungsprozesse mit jungen Geflüchteten benötigen daher häufig eine längere Phase des Vertrauensaufbaus.

Seitens der Beratungsstelle ist es sehr hilfreich, wenn die Mitarbeitenden in der Lage sind, die Beratungen kultursensibel durchzuführen. Dafür benötigen sie Schulungen, in denen sie sich sowohl mit den politischen Gegebenheiten in den Ursprungsländern ihrer geflüchteten Klient*innen vertraut machen können als auch deren kulturelle und religiöse Besonderheiten kennenlernen. Nur wenn es gelingt, jenseits der unterschiedlichen Sprachen, Herkünfte und Lebenserfahrungen eine vertrauensvolle Beziehung zwischen Klient*in und Berater*in aufzubauen, kann sich ein Beratungsprozess von längerer Dauer entwickeln, der hilfreich für den jungen Menschen ist.

Hinsichtlich der Inhalte von Beratungsprozessen ist charakteristisch, dass viele Klient*innen in ihren Ursprungsländern oder während ihrer Flucht traumatisiert wurden und aufgrund dessen häufig multiple Beschwerden haben, die sich meist psychosomatisch ausdrücken: Schlaflosigkeit, Alpträume, Kopfschmerzen, Bauchschmerzen oder andere körperliche Symptome. Vielen Betroffenen fällt es jedoch schwer, die zugrunde liegenden Traumatisierungen zu thematisieren und sich mit ihnen auseinanderzusetzen. Erschwert wird dies noch dadurch, dass in der Regel aktuelle ungelöste Problematiken im Vordergrund stehen: die Sorge um Familienangehörige in den Ursprungsländern, die Trauer über Nachrichten von kranken, verletzten oder getöteten Familienangehörigen oder Freund*innen und die existentielle Ungewissheit über den eigenen ungeklärten Aufenthaltsstatus. Ein sicherer Rahmen für einen Beratungsprozess besteht häufig nicht. Beratung bedeutet unter diesen Umständen in der Regel: trotz widriger Bedingungen an der psychischen Stabilisierung arbeiten.

Angesichts dieser vielfältigen Problematik wundert es nicht, dass Beratung mit geflüchteten jungen Menschen nicht in jedem Fall kontinuierlich möglich ist. Bisweilen finden Beratungen eher sporadisch oder anlassbezogen statt, manchmal entsteht trotz engagierter Vermittlungsbemühungen kein längerfristiger Beratungsprozess. In zahlreichen Fällen gelingt jedoch der Vertrauensaufbau und die Jugendberatung wird zu einer Anlaufadresse, der Vertrauen entgegengebracht wird. Die Sicherheit, dass persönliche Informationen geschützt werden und die Berater*innen vertrauenswürdig sind, sind unabdingbare Voraussetzung dafür, dass junge Geflüchtete sich und ihre Geschichte in der Beratung offenbaren.

Die Beratung erfolgt in der Regel als Einzelberatung. Anfängliche Ansätze, die Arbeit mit jungen Geflüchteten in Gruppenform auszurichten, haben sich in der Jugendberatung bib nicht bewährt. Offenbar war die Hemmschwelle, sich mit seinen Problemen und Beeinträchtigungen anderen jungen Menschen gegenüber zu offenbaren und damit Schwäche zu zeigen, zu groß. Außerdem haben die geflüchteten Klient*innen teilweise Angst und sind überaus vorsichtig, Informationen über sich preiszugeben. Die Sorge vor einer weiterhin drohenden Verfolgung kann zumindest bei politisch bedingter Flucht realistisch sein. Die Auseinandersetzung mit persönlichen Erlebnissen und die Offenbarung von persönlichen Daten in einer Gruppe wird daher möglichst vermieden.

Junge Menschen mit Kontakt- und Beziehungsstörungen

Themenbezogene Gruppenangebote können die individuellen Beratungsangebote einer Jugendberatung sinnvoll ergänzen. Jugendliche lösen sich zunehmend aus dem familiären Rahmen heraus und entwickeln ihre eigene Identität. Sie orientieren sich noch an den Eltern, aber distanzieren sich gleichzeitig auch von ihnen. Andere Werte und Normen kommen konkurrierend hinzu. Das bezieht sich auf Bereiche wie Mode und Musikrichtung ebenso wie auf Einstellungen zu Gesellschaft und Politik. Kontakte und Beziehungen zu Gleichaltrigen (Peers) spielen gerade in der Adoleszenz eine herausragende Rolle. Insofern bietet es sich an, zu diesen Themenbereichen Gruppen anzubieten, in denen junge Menschen zusammenkommen und mit sich selbst und anderen Beziehungserfahrungen machen können. Entsprechende Gruppenangebote werden gerne von Jugendlichen aufgesucht, die sozial unsicher oder einsam sind. Aber auch junge Menschen, die immer wieder in konflikthafte soziale Situationen geraten, nehmen an derartigen Gruppenangeboten teil.

Gruppenangebote zu Kontakt- und Beziehungsthemen können sowohl als reine Mädchen- oder Jungengruppen als auch als gemischtgeschlechtliche Gruppen konzipiert werden. Erfahrungsgemäß werden sie sowohl von Mädchen als auch von Jungen aufgesucht, häufig nach entsprechenden Hinweisen seitens der Eltern, von Lehrer*innen oder Sozialarbeiter*innen.

In der Jugendberatung bib wurden mit verschiedenen Formen der Gruppenarbeit gute Erfahrungen gemacht. Bewährt haben sich „geschlossene Gruppen" mit einem klaren Beginn und Ende und einem festen Teilnehmer*innenkreis. Aber auch eine „halboffene Gruppe" wurde über mehrere Jahre erfolgreich durchgeführt. Bei dieser Form der Gruppenarbeit gab es für einen befristeten Zeitraum einen festen Teilnehmer*innenkreis. Nach Beendigung eines Gruppendurchgangs konnten Teilnehmer*innen die Gruppe verlassen oder sich für einen weiteren Durchgang entscheiden. Die freigewordenen Plätze wurden dann durch neue Interessent*innen besetzt. So bestand die Möglichkeit, auch für einen längeren Zeitraum an die Gruppenarbeit angebunden zu bleiben.

Sowohl bei geschlossenen als auch bei halboffenen Gruppen sollte sich eine Gruppenphase über einen Zeitraum erstrecken, der ausreichend Gelegenheit für den gesamten Gruppenprozess mit Kennlern-, Gruppenbildungs-, Arbeits- und Abschiedsphase ermöglicht. Acht bis zehn Gruppentreffen bilden dafür einen guten Rahmen.

Wichtig für den Erfolg dieser Form der Gruppenarbeit ist, dass die Teilnehmer*innen von ihrer Persönlichkeitsentwicklung her für diese Arbeitsform geeignet sind. Psychisch kranke, emotional labile oder suizidgefährdete junge Menschen sollten zumindest noch eine parallele Begleitung durch Einzelberatung oder Psychotherapie haben. Um diesbezügliche Risiken zu minimieren, empfiehlt sich ein Auswahlverfahren durch Vorgespräche. Dies ermöglicht auch abzuschätzen, ob die Bewerber*innen hinsichtlich ihres Alters, Intellekts, Problematik und Persönlichkeit zusammenpassen. Außerdem wird durch die Vorgespräche und den Aufnahmeprozess die

Verbindlichkeit, regelmäßig an der Gruppe teilzunehmen, gesteigert. Eine selbsterfahrungsorientierte Gruppe als offenes Angebot ohne vorherige Kennlern- und Auswahlgespräche bietet ein zu hohes Unsicherheitspotential sowohl für die Gruppenleiter*innen als auch die jugendlichen Teilnehmer*innen.

Inhaltlich bewährt hat sich ein teilstrukturiertes Gruppenangebot, bei dem sowohl gruppendynamische Übungen und Angebote erlebnisaktivierend und selbsterfahrungsfördernd wirken können als auch genügend Raum für offene Gespräche und das Eingehen auf die aktuelle Befindlichkeit der Teilnehmer*innen besteht. Die typische Struktur eines zwei- bis dreistündigen Gruppenabends beinhaltet eine Anfangsrunde mit Themensammlung, ein oder zwei Selbsterfahrungsübungen, ein oder zwei vertiefende Gruppengespräche zu einer individuell benannten Thematik und eine Befindlichkeitsrunde zum Schluss. Eine Pause, die ausreichend Zeit für informelle Kontakte ohne die Leiter*innen bietet, kann die soziale Kompetenz stärken, zum Austausch von Kontaktdaten führen oder Verabredungen außerhalb der offiziellen Gruppenzeit erleichtern. Wichtig ist, dass jeweils zu Beginn und Ende jeder/jede Teilnehmer*in zu Wort kommt und Gelegenheit erhält, sich zur eigenen Befindlichkeit zu äußern.

Hinsichtlich des äußeren Rahmens sind viele Varianten möglich. Bewährt hat es sich, wenn die Gruppe nicht zu klein und nicht zu groß ist. Eine Teilnehmer*innenzahl zwischen sechs und zwölf sichert eine gute Arbeitsfähigkeit. Ein zwei- bis dreistündiger Termin pro Woche jeweils am frühen Abend fördert die kontinuierliche Teilnahme und die Einfügung des Gruppentermins in den Lebensalltag. Wenn neben diesen wöchentlichen Terminen noch ein Wochenendangebot eingeplant wird, unterstützt dies den Gruppenprozess zusätzlich. Dies kann ein Samstag in der Beratungsstelle sein, aber auch ein Wochenendaufenthalt außerhalb, idealerweise auch noch mit einem erlebnisorientierten Anteil, der sowohl der Selbsterfahrung als auch dem Teambuilding dienen kann. Ein gemeinsames Erlebnis-, Kanu- oder Kletterwochenende kann viel für den/die einzelne/n Teilnehmer*in als auch für die Gruppe insgesamt bewirken. Wenn die finanziellen Mittel dies erlauben, kann ein solches Wochenende bei einem externen Anbieter von Erlebnistouren gebucht und fachkundig begleitet werden.

Ein selbsterfahrungsorientiertes Gruppenangebot sollte von zwei Mitarbeitenden durchgeführt werden, die sich die Verantwortlichkeiten teilen können. So ist gewährleistet, dass auch in Krisensituationen, z.b. bei Dekompensation eines/einer Teilnehmer*in, eine Berater*in sich um das jeweilige Gruppenmitglied kümmern kann und gleichzeitig eine weitere fachliche Kraft für die Gruppe zur Verfügung steht. Außerdem besteht bei zwei Leiter*innen die Möglichkeit, gemeinsam über den Gruppenprozess zu reflektieren und die kommenden Gruppensitzungen zu planen. Bei eingeschränkten personellen Kapazitäten kann der/die Co-Leiter*in auch eine geringfügig beschäftigte externe Kraft oder ein/eine Praktikant*in sein.

Junge Menschen, die mit sich selbst unzufrieden sind

Neben der Kontakt- und Beziehungsthematik sind auch andere themenbezogene Gruppenangebote denkbar. In der Jugendberatung bib werden z.b. Gruppen für Mädchen und junge Frauen zum Themenbereich Selbstzufriedenheit und Körperlichkeit angeboten. Der Austausch in einer Gruppe über diesbezügliche Unzufriedenheit und Unsicherheit kann stabilisierend wirken und förderlich für die Selbstsicherheit sein. Es ist dabei auch zu beachten, dass die anderen Gruppenteilnehmer*innen Modell sein können - sowohl im Hinblick auf eine Stärkung als auch auf eine Schwächung der Persönlichkeit. Daher sind Gruppen zu Themen wie Selbstverletzung, Essstörungen, Suizidalität, Gewalt, Straffälligkeit oder Drogenkonsum eher kritisch zu betrachten, da die Gefahr besteht, dass Negativmodelle eine bestehende Problematik verstärken.

Schulklassen, Konfirmandengruppen u.ä.

Über die für einen längeren Zeitraum angebotenen Gruppen hinaus kann es auch einmalige Gruppenangebote geben. Hier sind es in erster Linie Lehrer*innen, die ihren Klassen entweder allgemein das Angebot einer Jugendberatung vorstellen und nahebringen möchten oder die ausgehend von einer Unterrichtsthematik bzw. einer psychosozialen Problematik in der Klasse die Fachlichkeit der Jugendberatung in Anspruch nehmen möchten. So gibt es von Schulen zum Beispiel Anfragen für Schulklassenbesuche zu Themen wie „Mobbing", „Sucht und Sehnsucht" und „Liebe, Freundschaft und Sexualität". Beide Formen von Schulklassenbesuchen sind denkbar und sinnvoll.

Es hat sich bewährt, dass die Arbeit mit Schulklassen nicht in der Schule, sondern in der Beratungsstelle stattfindet. Das Verlassen des schulischen Rahmens ermöglicht eine ungezwungenere Kommunikation. Außerdem lernen die Schüler*innen auf diese Weise den Weg zur Beratungsstelle und deren Räumlichkeiten kennen. Weiterhin ist es für solche Besuche auch wichtig, dass die Gruppe nicht zu groß ist (möglichst nicht mehr als 15 Teilnehmer*innen) und dass das Gespräch ohne eine Lehrkraft erfolgt. Auf diese Weise wird eine offenere und ungezwungenere Atmosphäre geschaffen, als sie im Schulgebäude mit 25-30 Schüler*innen und in Anwesenheit der Lehrkraft, die sonst die Leistungen bewertet, möglich wäre. Als angemessene Dauer eines Klassenbesuchs, die eine gewisse Vertiefung ermöglicht und gleichzeitig die Aufmerksamkeitsspanne nicht überfordert, haben sich 90 Minuten bewährt. Methodisch kommt unkompliziert und schnell ein lebendiges Gespräch zustande, wenn die Schüler*innen anonyme Fragen zur Beratungsstelle oder zum Thema des Besuchs aufschreiben und diese dann in der Gruppe diskutiert und von dem/der Mitarbeiter*in der Jugendberatung kommentiert werden.

Mit anderen Gruppen Jugendlicher (z.B. Jugendgruppen, Konfirmandengruppen, Jugendfeuerwehr) sind Besuche in der Jugendberatung in ähnlicher Weise möglich. Die Gruppenbesuche haben neben der unmittelbaren Wirkung durch das Gruppengespräch selbst auch den weiterführenden Vorteil, dass sie im Bedarfsfall die Hemmschwelle zum individuellen Aufsuchen der Jugendberatung senken. Nicht selten beginnt ein junger Mensch eine Beratung mit den Worten: „Ich war hier schonmal mit meiner Klasse."

2.10 Beratung in der Corona-Pandemie

Die Einschränkungen aufgrund der Corona-Pandemie haben alle gesellschaftlichen Bereiche gravierend beeinflusst. Dieses ist selbstverständlich auch an der Arbeit von Beratungsstellen nicht reibungslos vorbei gegangen. Für die Arbeit in der Braunschweiger Jugendberatung bib bedeutete dies zunächst, dass die Beratungsformen und -settings vielfältiger und flexibler wurden. Es war das erklärte Ziel, dass den Ratsuchenden auch unter den erschwerten Bedingungen der Pandemie der Zugang zur Jugendberatung ermöglicht werden sollte - wenn auch nicht unbedingt in der gewohnten Form. Im Verlaufe der Pandemie etablierten sich bis dahin ungewohnte Beratungssettings.

Beratung in Präsenz in der Beratungsstelle war - wenn erforderlich (z.B. in Krisensituationen) - die gesamte Pandemiezeit über möglich. Persönliche Beratung wurde im Rahmen des Hygienekonzeptes je nach Stand der Pandemie mit Mindestabständen, regelmäßigen Lüftungszeiten und dem Einsatz von Mund-Nasen-Schutzmasken ermöglicht. Wenn die Präsenzberatung vor Ort nicht erforderlich war, wurden seitens der Beratungsstelle auch telefonische Beratung und Videoberatung angeboten. Nachdem die technischen Voraussetzungen für diese alternativen Beratungsmöglichkeiten geschaffen waren, wurden diese in Zeiten hoher Inzidenzzahlen häufig genutzt, besonders als für Klient*innen und Mitarbeiter*innen noch kein Impfschutz bestand. Trotz der eingeschränkten Formen des Kontakts haben sich diese Alternativen bewährt. Sie ermöglichten kontinuierliche Beratung auch unter den Bedingungen des Lockdowns. Für manche Ratsuchenden waren die alternativen Beratungsformen sogar vorteilhaft - nicht nur wegen der damit einhergehenden verminderten Gesundheitsgefährdung. Die Sicherheit, aus dem eigenen Zimmer heraus ein Videogespräch führen zu können oder von der Berater*in bei telefonischer Beratung nicht „durchschaut" werden zu können, machte es einigen Klient*innen auch leichter, überhaupt Beratung in Anspruch zu nehmen und sich im Gespräch zu öffnen. Es sollte daher erwogen werden, alternative Beratungsformen auch unabhängig von den Pandemiebedingungen als Angebot für Klient*innen, denen dies die Inanspruchnahme von Hilfe erleichtert, dauerhaft zu etablieren und als der traditionellen Face-to-Face-Beratung gleichwertige Alternative anzuerkennen.

3. Jugendberatung und Neue Medien

Durch die Corona-Pandemie wurde eine Einbeziehung der neuen Medien in die Arbeit von Beratungs- und Therapieeinrichtungen gefördert - plötzlich ging vieles, was zuvor nicht möglich war bzw. nicht anerkannt und finanziert wurde. Für den Bereich Jugendberatung war eine Öffnung hin zu den modernen Kommunikationsformen, die für junge Menschen heute selbstverständlich sind, bereits seit längerem und unabhängig von der Pandemie ein wichtiges Thema. Die Face-to-Face-Beratung ist zwar nach wie vor die hauptsächliche und besonders effiziente Beratungsform, aber nicht der einzige Weg junger Menschen, um sich zu informieren oder beraten zu lassen. Das Internet ist zu einer zentralen Informationsquelle geworden, aber auch zu einem Ort, an dem Austausch stattfindet und Meinungen verbreitet werden. Die Qualität und der Seriosität dieser Informationen und Ansichten sind höchst unterschiedlich und gerade für junge Menschen schwer einzuschätzen. Umso wichtiger ist es, dass Jugendliche und junge Erwachsene bei ihrer Suche nach Antworten auf ihre Fragen und nach Lösungen für ihre Probleme an qualifizierte und seriöse Adressen geraten. Es wäre fahrlässig, als Jugendberatung in der analogen Welt zu verharren und in der digitalen Welt nicht präsent zu sein. Jugendberatung hat die Aufgabe, sich den neuen Medien zu öffnen und über alle Kanäle, die junge Menschen heute nutzen, für diese erreichbar zu sein. Nur wenn dieses gelingt, ist die Jugendberatung für die Zukunft aufgestellt.

3.1 SMS, Messengerdienste

Kurznachrichten über SMS oder Messengerdienste wie „Signal" haben im Kontext von Jugendberatung eine wichtige Funktion: Sie ermöglichen eine schnelle Erreichbarkeit, dienen der Vereinbarung oder Absage von Gesprächsterminen und ermöglichen die Übermittlung von Kurzinformationen („Wie konntest du schlafen?" „Wie hat die Klausur geklappt?" „Hast du es geschafft, dich nicht selbst zu verletzen?"). Es besteht auch die Möglichkeit, sich ausführlicher schriftlich auszutauschen, bei den Messengerdiensten sind auch Sprachnachrichten, Foto- oder Videoanhänge oder sogar Live-Videochats möglich. Wichtig ist es, dass die Nutzung des Messengers kostenfrei ist oder die SMS-Flatrate mit im Tarif des Mobilfunkanbieters des/der Ratsuchenden enthalten ist. Weniger wichtig ist es jedoch erfahrungsgemäß, unbedingt WhatsApp als Messenger zu nutzen. Wenn und solange Datenschutzbedenken einer solchen Nutzung entgegenstehen, sind Jugendliche in der Regel durchaus in der Lage und bereit, einen Messenger zu installieren, der mehr Datensicherheit gewährleistet, um mit der Beratungsstelle kommunizieren zu können.

3.2 Soziale Medien

In der Jugendberatung bib haben wir bisher mit der Nutzung sozialer Medien noch wenig Erfahrungen gemacht. Es gibt eine Präsenz der Einrichtung bei Facebook mit Basisinformationen über die Angebote der Beratungsstelle und ihre Erreichbarkeit, jedoch ohne die Möglichkeit, dort direkt Nachrichten oder Kommentare zu hinterlassen. Dieses ist nur indirekt möglich, da die Homepage der Beratungsstelle als Link hinterlegt ist und von dort aus die Möglichkeit besteht, Nachrichten zu hinterlassen. Der Vorteil dieser Beschränkung ist, dass keine Personalkapazitäten zur Betreuung des jeweiligen sozialen Mediums vorgehalten werden müssen. Inwieweit eine Präsenz in vorwiegend von jungen Menschen genutzten sozialen Medien wie Instagram, Snapchat oder Tiktok sinnvoll und zeitökonomisch vertretbar ist, muss noch geklärt werden. Hier geht es auch um die Abwägung zwischen Erreichbarkeit und Sichtbarkeit eines Beratungsangebotes auf der einen und der notwendigen Seriosität auf der anderen Seite. Ein witziger Videobeitrag bei Snapchat würde sicherlich nur sehr bedingt dazu animieren, bei persönlichen Problemen eine Jugendberatung aufzusuchen.

Wichtig ist es jedoch, dass das Angebot der Jugendberatung im Internet einfach und schnell gefunden wird, wenn ein junger Mensch Beratungsbedarf hat. Neben einer möglichst guten Platzierung in den Suchmaschinen wie Google, Ecosia u.ä. sollte das Jugendberatungsangebot auch auf lokalen Hilfeplattformen aufzufinden sein.

3.3 E-Mail

Auch wenn die Verwendung von E-Mails nicht mehr zu den bevorzugten Kommunikationsformen von Jugendlichen und jungen Erwachsenen zählt, verfügen diese in der Regel immer noch über ein E-Mailkonto und nutzen dieses gelegentlich auch. Zwar ist der Austausch über persönliche Angelegenheiten über E-Mail datenschutzrechtlich nicht unbedenklich, aber er ist unkompliziert und schnell möglich. Nach gegenwärtiger Rechtsauslegung ist eine Mailberatung im Rahmen eines allgemein zugänglichen Mailprogramms ohne zusätzliche Datenschutzmaßnahmen (wie Mailverkehr in einem durch gesonderte Anmeldung geschützten Bereich und/oder Einsatz von Verschlüsselungstechnologie) selbst bei expliziter Zustimmung des/der Nutzer*in nicht zulässig. Zudem kann in der Regel nicht sicher gewährleistet werden, dass ausschließlich der/die Ratsuchende Empfänger der E-Mail wird (vgl. Maßnahmen zum Schutz personenbezogener Daten bei der Übermittlung per E-Mail, Orientierungshilfe der Konferenz der unabhängigen Datenschutzaufsichtsbehörden des Bundes und der Länder vom 27. Mai 2021).

Datenschutzrechtlich besser abgesicherte E-Mailprogramme mit Verschlüsselungstechnologie (Transportverschlüsselung, Ende-zu-Ende-Verschlüsselung) haben in der Praxis bisher eher ein Akzeptanzproblem bei Klient*innen und Berater*innen, da sie in der Handhabung relativ kompliziert sind. Es wäre hilfreich, wenn Beratungseinrichtungen den Ratsuchenden hinreichend datenschutzsichere und unkompliziert handhabbare E-Mailprogramme zum Beispiel über ihre Homepage zur Verfügung stellen würden, damit dieser Kommunikationsweg tatsächlich ein nützliches Instrument im Rahmen des Beratungsprozesses werden kann. Eine weitere Möglichkeit, die Einhaltung von Datenschutzbedingungen zu gewährleisten, wäre eine eigene Plattform für E-Mail-Beratung, analog zur Online-Beratung der bke (vgl. 4). Voraussetzung dafür wäre allerdings eine vorherige Anmeldung und die Verwendung eines Nutzernamens sowie eines Passwortes.

Der Austausch über E-Mails kann zur Informationsvermittlung, für Terminabsprachen und auch für Beratungen genutzt werden. Gerade für Klient*innen mit Kontaktproblemen und Ängsten kann dies eine gute Alternative oder Ergänzung zur Face-to-Face-Beratung darstellen. Klient*innen und Berater*innen haben genügend Zeit, ihre jeweiligen Beiträge in Ruhe zu formulieren und vor dem Versenden nochmals zu überprüfen. Dies ist bei schriftlicher Kommunikation auch besonders wichtig, weil für den/die Empfänger*in ausschließlich das geschriebene Wort für die Verständigung zur Verfügung steht, nicht jedoch Mimik, Gestik und Betonung. Wenn auf beiden Seiten entsprechend umsichtig mit den Formulierungen und Aussagen umgegangen wird, kann eine E-Mail-Beratung durchaus sinnvoll sein und auch differenzierte Beratungsprozesse ermöglichen.

Wichtig ist es bei der schriftlichen Beratung, deutlich zu kommunizieren, wann eine E-Mail eines/einer Klient*in gelesen wird und bis wann voraussichtlich eine Antwort erfolgen wird. Zeitliche Absprachen sollten ähnlich klar und verlässlich wie bei der persönlichen Beratung erfolgen. Ein/eine Klient*in muss z.B. wissen, dass eine von ihm/ihr verfasste E-Mail am Wochenende weder gelesen noch beantwortet wird.

3.4 Telefonberatung

Telefonieren an sich gehört zwar nicht zu den „neuen" Medien, die Nutzung der Telefonberatung als vollwertige Alternative zur Face-to-Face-Beratung allerdings schon. Es kann vielfältige Gründe dafür geben, eine Beratung telefonisch und nicht persönlich durchzuführen. Neben Ereignissen wie einem pandemiebedingten Lockdown kann die Entfernung, mangelnde Zeit oder auch die persönliche Problematik (z.B. soziale Ängstlichkeit) der Grund sein. Wenn auch beim Telefonieren - ebenso wie beim Schreiben - nur eingeschränkte Informationen zur Verfügung stehen und zum Beispiel die visuelle Wahrnehmung nicht genutzt werden kann, kann die Telefonberatung dennoch einen differenzierten und auch vertiefenden Beratungsprozess ermöglichen. Wichtig ist, *dass* ein persönlicher Beratungsprozess stattfindet, weniger wichtig hingegen, *in welcher Form* er stattfindet.

3.5 Videoberatung

Ebenso wie Telefonberatung sollte auch die Videoberatung zum festen Repertoire des Beratungsangebotes einer Jugendberatung gehören. Beratung ist per Video annähernd so persönlich und differenziert wie eine Face-to-Face-Beratung - eine funktionierende Technik vorausgesetzt. Zwar fehlen einige Informationen wie die ganzheitliche Wahrnehmung der Körperlichkeit oder die den Geruchsinn betreffende Wahrnehmungen, dafür gibt es jedoch auf der anderen Seite auch einen Informationsgewinn für den/die Beratenden, da der/die Klient*in sich in der Regel in seinem Wohnumfeld aufhält und dieses Eindrücke vermitteln kann, wie das in einem Beratungsgespräch in der Beratungsstelle nicht möglich wäre.

Wichtig ist es, auch bei der Videoberatung über ein datensicheres Programm (z.B. www.sichere-videokonferenz.de) und eine gute technische Ausstattung zu verfügen.

3.6 Chatberatung

Versuche, mit einem themenorientierten Live-Chatangebot Jugendliche und junge Erwachsene zu erreichen, sind in der Jugendberatung bib bisher trotz entsprechender Öffentlichkeitsarbeit nicht erfolgreich gewesen. Vielleicht entspricht es nicht den Bedürfnissen junger Menschen, sich zu einem von außen festgelegten Zeitraum in einen Chat einzuloggen, bei dem weder die Institution Jugendberatung noch die Chatteilnehmer*innen bekannt sind. Themenbezogene Chatgruppen können funktionieren (z.B. bei der bke-Onlineberatung, siehe 4), aber vielleicht nur bei einer existierenden

Community, in der Nutzer*innen und Berater*innen sich über einen längeren Zeitraum kennen. Außerdem müsste ein derartiges Chatangebot regelmäßig und häufig stattfinden und nicht nur gelegentlich. In der Jugendberatung bib wird dieser Weg zurzeit nicht weiterverfolgt, zumal die personellen Kapazitäten für ein regelmäßiges, hochfrequentes Chatangebot nicht zur Verfügung stehen.

4. Online-Jugendberatung

Bereits seit 2005 bietet die Bundeskonferenz für Erziehungsberatung (bke) eine deutschlandweite Onlineberatung für Eltern (www.bke-elternberatung.de) sowie für Jugendliche und junge Erwachsene von vierzehn bis einundzwanzig Jahren (www.bke-jugendberatung.de) an. Rund 100 Fachkräfte aus Erziehungs- und Familienberatungsstellen aus ganz Deutschland sind mit jeweils mindestens fünf Wochenstunden für dieses Beratungsangebot im Einsatz. Die Beratungsarbeit wird aus der anteiligen Beteiligung der die Erziehungs- und Jugendberatung tragenden Kommunen finanziert. Auch die Braunschweiger Jugendberatung bib ist seit 2014 an dem Projekt beteiligt. Fünf Wochenstunden aus dem Stundenkontingent eines/einer Mitarbeiter*in werden in der Online-Jugendberatung vornehmlich für die Mailberatung und für die Durchführung von Gruppenchats eingesetzt.

Die bke hatte sich bereits frühzeitig auf die veränderten Bedingungen des Internetzeitalters eingestellt und dadurch gesichert, dass für die betroffenen Ratsuchenden neben vielen mehr oder weniger seriösen Beratungs- und Selbsthilfeangeboten im Internet ein qualitativ hochwertiges Onlineberatungsangebot zur Verfügung steht. Besonderes Kennzeichen der bke-Onlineberatung ist, dass alle Angebote durch erfahrene Fachkräfte begleitet werden. Sämtliche Kolleg*innen in der Onlineberatung haben mehrjährige einschlägige Berufserfahrung und wurden speziell für diesen Aufgabenbereich geschult. Regelmäßige Fallbesprechungen und Arbeitstagungen sowie bei Bedarf auch Supervisionen sichern die Qualität der Onlineberatung.

4.1 Anonymität - Vor- und Nachteile

Ein zentrales Merkmal der bke-Onlineberatung ist die strikte Wahrung der Anonymität. Sowohl die Klient*innen als auch die Mitarbeiter*innen legen sich einen Nickname sowie ein individuelles Passwort zu. Die aktive Nutzung der Beratungsangebote setzt eine vorherige Anmeldung mit einer gültigen E-Mailadresse sowie die Angabe des Geschlechts und des Alters voraus. Der Klarname und die Adressdaten werden jedoch weder erfragt noch gespeichert.

Die Anonymität hat den Vorteil, dass dadurch maximaler persönlicher Schutz hergestellt wird. Die Ratsuchenden können offen und ungeschminkt über das schreiben, was sie bewegt. Es entsteht häufig schnell eine vertraute Beziehung zum/zur jeweiligen Berater*in. Die Anonymität kann dabei helfen, dass die Klient*innen den Anspruch an sich selbst reduzieren, ihr Image wahren, einen guten Eindruck machen oder sich von ihrer „besten Seite" zeigen zu wollen. Dies ermöglicht ein hohes Maß an Offenheit, so dass auch unangenehme, peinliche oder bedrohliche Themen leichter angesprochen werden können. In der Onlineberatung werden daher Themen wie Selbstverletzung, Essstörung, erlebter Missbrauch, sexuelle Probleme und Suizidalität häufiger angesprochen als in der nicht anonymen Beratung vor Ort.

Auch die Onlineberater*innen werden durch ihre Anonymität geschützt. Sie können selbst bestimmen, wann sie auf E-Mails von Ratsuchenden reagieren, und werden weder in der Beratungsstelle noch im privaten Bereich von diesen unmittelbar kontaktiert.

Auf der anderen Seite birgt die Anonymität in der Onlineberatung - wie generell im Internet - auch Risiken. Viel weniger als in der Face-to-Face-Beratung ist die Glaubwürdigkeit von Angaben überprüfbar. Ist die Klientin tatsächlich ein 16jähriges Mädchen mit Liebeskummer? Es könnte auch ein 30jähriger Mann sein, der die ungeteilte Aufmerksamkeit einer Beraterin sucht. Ist der Klient tatsächlich ein Opfer sexuellen Missbrauchs? Oder will er durch den Ausdruck drastischer Fantasien den Berater beeindrucken und an sich binden? Die Antworten auf diese Fragen bleiben im Ungewissen. Als Berater*in erfährt man nur das, was man erfahren soll. Und die Perspektive ist immer eine subjektive, Wahrnehmung ist relativ. Dies gilt selbstverständlich auch für die persönlichen Beratung vor Ort. In der Onlineberatung ist jedoch im Schutz der Anonymität vermutlich die Wahrscheinlichkeit größer, dass die Unwahrheit geschrieben oder Gefühle sowie Ereignisse dramatisiert werden. Dennoch ist es die Grundhaltung aller Fachkräfte, dass das, was ein/eine User*in schreibt, zunächst auch ernst genommen und nicht in Frage gestellt wird. Zum einen kann es sehr verletzend für einen/eine Klient*in sein, wenn seine/ihre Angaben zu Unrecht bezweifelt werden. Zum anderen können auch übertriebene oder erfundene Schilderungen einen wichtigen Hinweis auf die psychische Situation und die Bedürftigkeit des/der Ratsuchenden geben.

Ein weiteres Problem kann sich daraus ergeben, dass es einerseits leichter als in der Face-to-Face-Beratung ist, sich bei einer Gefährdung des Kindeswohls (z.B. bei Selbstverletzung, sexuellem oder emotionalem Missbrauch, Suizidalität) zu offenbaren, es andererseits jedoch für den/die Berater*in sehr viel schwerer ist, erforderlichenfalls zu intervenieren. Der/die Klient*in ist anonym, die Adresse oder die Telefonnummer sind nicht bekannt. Eine laufende Beratung kann plötzlich beendet werden - mit oder ohne Ankündigung oder Kommentar. Keine Reaktion mehr, Stille seitens des/der

Ratsuchenden. Was bedeutet das? War die Beratung erfolgreich, hat sich das Problem erledigt? Ist der/die Ratsuchende enttäuscht und zieht sich deshalb zurück? Besteht vielleicht sogar eine Gefährdung? Könnte er/sie sich etwas antun? Das sind Fragen, die sich dem/der Online-Berater*in stellen und auf die es in der Regel keine Antworten gibt. In der Beratung vor Ort könnte man noch einmal eine SMS oder E-Mail schreiben, vielleicht auch anrufen. Das alles ist schwieriger, wenn ein/eine Klient*in in der Onlineberatung plötzlich „verschwindet" - es gibt keine Spuren. Für den/die Berater*in ist dies nicht selten herausfordernd und frustrierend.

Es besteht zwar bei Anzeichen von akuter Gefahr für Leib und Leben eines/einer Ratsuchenden die Möglichkeit, über die Polizei mit Hilfe der IP-Adresse eine Nachverfolgung zu veranlassen. In der Regel ist dieses aufgrund der Schweigepflicht jedoch nur in sehr eindeutigen Situationen wie etwa bei Angaben zu einem konkreten Plan, Ort und Zeit möglich - und nicht der/die Berater*in hat dann den Kontakt zu dem/der Klient*in, sondern die Polizei, Feuerwehr oder ein/eine Arzt/Ärztin vor Ort. Es liegt in diesem Fall nicht mehr in der Hand des/der Beratenden, wie mit der Person umgegangen und auf sie eingegangen wird. Hinzu kommt, dass der Prozess einer solchen Nachverfolgung Zeit benötigt, die in einer akuten Gefährdungssituation (z.B. steht jemand bereits auf der Brücke) möglicherweise zu lang sein kann.

Die Anonymität in der Onlineberatung hat somit sowohl eindeutige Vor- als auch eindeutige Nachteile, mit denen sich der/die Berater*in arrangieren muss. Die Wirksamkeit aller Vorkehrungen zur Wahrung der Anonymität von Berater*innen und Klient*innen ist im Übrigen in starkem Maße davon abhängig, wie die Beteiligten mit persönlichen Informationen umgehen. Dies konnte ich in meiner Zeit als Online-Berater gleich zweimal erleben.

Beim üblichen Warming-Up in einer Chatgruppe ging es auch um das Thema Fußballbundesliga und in diesem Zusammenhang auch um die jeweiligen Lieblingsvereine. Kurze Zeit später wurde ich von einem Jugendlichen, der sowohl an der Chatgruppe teilgenommen hatte als auch von mir in der Mailberatung begleitet wurde, mit meinem Klarnamen „enttarnt". Wie konnte das passieren?

Unvorsichtigerweise habe ich in der Chatgruppe den VFL Wolfsburg als meinen Lieblingsverein angegeben. Mein findiger Klient hat sich gedacht: „Den VFL Wolfsburg hat wahrscheinlich jemand als Lieblingsverein, der dort in der Nähe wohnt". Also hat er ein wenig im Internet nach Erziehungs- und

Jugendberatungsstellen in räumlicher Nähe zu Wolfsburg recherchiert, hat sich die Mitarbeiter*innenlisten angesehen und die dort aufgeführten Basisdaten wie Alter, Beruf und therapeutische Qualifikationen mit meinem anonymisierten Profil bei der bke-Onlineberatung verglichen - und schon hatte er ein Match - und mir meinen Klarnamen mitgeteilt. 100 Punkte!

Das Ganze blieb übrigens ohne Folgen, der Klient hat mich nicht „auffliegen" lassen. Aber ich hatte meine Lektion gelernt.

Im anderen Fall hatte ich eine Klientin in der Onlineberatung, von der ich wusste, dass sie auch einen persönlichen Berater vor Ort hatte. Eines ihrer Probleme war, dass sie ein schlechtes Gewissen gegenüber ihrem Berater hatte, weil sie ihm die Unwahrheit gesagt hatte. Sie hatte über den Unfalltod einer Freundin und über einen zurückliegenden sexuellen Missbrauch gesprochen. Beides hatte jedoch nicht bzw. nicht so stattgefunden. In der Online-Beratung versuchte ich mit ihr zu erarbeiten, was ihre Motive gewesen waren, ihrem Berater unwahre Informationen zu geben. Außerdem ging es darum, ob und wie sie ihrem Berater diese Lügen „gestehen" könnte.

Völlig überrascht war ich, als ich eines Morgens eine Mail der Klientin vorfand, die folgenden Inhalt hatte:

„Ich wage jetzt diesen Schritt, in der Hoffnung mich nicht zu irren. Das würde jetzt sonst sehr peinlich ausgehen, aber eigentlich bin ich ohne Zweifel.

Lieber (Nickname, d. Verf.), ich weiß, wer du im realen Leben bist:

Du bist mein Jugendberater seit 7 Jahren. Zumindest, wenn du in der Jugendberatung bib in Braunschweig arbeitest. Wie ich darauf komme? Du hattest zur gleichen Zeit Urlaub wie mein Jugendberater und die gleichen beruflichen Qualifikationen, dabei käme sogar das Alter hin...

Ich habe diesen Verdacht schon lange, aber ich dachte, so doof kann der Zufall doch nicht sein... Aber selbst deine Art mir zu antworten, ähnelt ihm sehr."

Ich hatte diese Klientin tatsächlich sowohl in der Online-Beratung als auch in der Face-to-Face-Beratung. Es handelte sich selbstverständlich um einen großen Zufall, dass sie ausgerechnet mir zugewiesen wurde - aber solche Zufälle kann es eben auch geben. Und schon war es das mit der Anonymität.

Nachdem meine Klientin zunächst die persönliche Beratung vor lauter Scham ganz beenden wollte, gelang es doch, sie dazu zu bewegen, sich der Situation im persönlichen Gespräch zu stellen und die Hintergründe der

Unwahrheiten aufzuarbeiten. Die Online-Beratung wurde beendet und die Vor-Ort-Beratung noch einige Jahre fortgesetzt. In diesem Fall war es letztendlich positiv, dass die Anonymität nicht gewahrt werden konnte. Es hätte jedoch auch anders kommen können.

Mir haben diese beiden Ereignisse verdeutlicht, dass bereits wenige persönliche Informationen dazu beitragen können, die wahre Identität einer Person zu identifizieren. Wer Anonymität sicher gewahrt wissen möchte, sollte mit allen persönlichen Informationen sehr sparsam umgehen.

4.2 Mailberatung

Ein wesentliches Element der bke-Onlineberatung, in das auch sämtliche Onlineberater*innen eingebunden sind, ist die Mailberatung. Da sämtliche Beratungsangebote in einem geschützten Bereich erfolgen, der nur nach Anmeldung zugänglich ist, ist die Einhaltung datenschutzrechtlichen Bedingungen gesichert. Der Mailverkehr findet intern statt, ein Zugriff auf die Daten von außerhalb ist nicht möglich. Es ist zwar möglich und sogar wahrscheinlich, dass im Laufe einer Mailberatung persönliche Details der Klient*innen über Wohnort, Schule oder Ausbildungsstätte, familiäre Situation u.ä. preisgegeben werden. Dies ist jedoch unproblematisch, da die Berater*innen der Schweigepflicht unterliegen und gehalten sind, nur über die Kommunikationswege der bke-Onlineberatung Kontakte zu den Klient*innen zu pflegen. Sollten im Rahmen einer Mailberatung persönliche Details zur Sprache kommen, weisen die Berater darauf hin und verdeutlichen die Wichtigkeit, zur Wahrung der Anonymität in Chats und in Foren die Preisgabe persönlicher Informationen zu vermeiden.

Einer Berater*in wird nach dem Zufallsprinzip die Beratungsanfrage eines jungen Menschen weitergeleitet. Damit ist er oder sie für diese Beratung zuständig. Die Beratung erfolgt ausschließlich über E-Mails. Im Rahmen einer Schulung haben sich die Beratenden in die Besonderheiten der Mailberatung eingearbeitet. Es gilt noch mehr als in der Face-to-Face-Beratung, unmissverständlich zu kommunizieren. Ausdrucks- und Wahrnehmungskanäle stehen nur sehr eingeschränkt zur Verfügung, die Kommunikation findet ausschließlich über das geschriebene Wort statt. Sonst übliche Ausdrucksmöglichkeiten wie Lächeln, Stirnrunzeln, Veränderung der Tonlage usw. können nicht genutzt werden, die Wahrnehmung oder der Ausdruck von Ironie, Ärger, Anteilnahme oder Mitgefühl ist nur bedingt möglich. Wichtig ist es daher, möglichst klar und eindeutig zu kommunizieren und wenig Raum für Spekulation zu lassen. Häufige Rückfragen helfen sich zu versichern, den/die Klient*in auch richtig verstanden zu haben.

Das geschriebene Wort ist im wahrsten Sinne des Wortes „fest-geschrieben" - im Unterschied zum „flüchtigen" gesprochenen Wort. Es kann wieder und wieder gelesen, bewertet und als Botschaft verstanden werden - unter Umständen als eine viel schwerwiegendere Botschaft, als sie vom Absender gemeint war. Ein noch schnell kurz vor Feierabend geschriebener Satz kann unter Umständen beim Ratsuchenden zu einer schlaflosen Nacht führen.

Onlineberatung ist somit von hoher Verantwortlichkeit gekennzeichnet. Die Kommunikation muss sachlich und klar sein, möglicherweise missverständliche Stilmittel wie Humor oder Ironie sollten höchstens in einer vertrauten, sicheren und belastbaren Beratungsbeziehung Anwendung finden.

Trotz der Einschränkungen durch die reduzierten Ausdrucks- und Wahrnehmungskanäle kann die Online-Mailberatung zu erstaunlich großer Nähe und emotionaler Dichte führen. Durch die Distanz des Schreibens - im Unterschied zur direkten Begegnung in einem Beratungsraum - wird der Mut zur Ehrlichkeit gestärkt und das Bedürfnis reduziert, einen „guten Eindruck" machen zu wollen. Das Wissen des/der Klient*in, dass der Inhalt einer Mail von einem/einer Berater*in gelesen wird, der/die sich ganz persönlich mit ihm/ihr befasst und auf das reagiert, was ihm/ihr anvertraut wurde, führt auch in der Mailberatung häufig zu einer sehr persönlichen Beratungsbeziehung von einer Qualität, die der Face-to-Face-Beratung kaum nachsteht.

Wichtig für die Mailberatung ist es, dass der Rahmen möglichst klar und vorab bekannt ist. Der/die Berater*in sollte deutlich machen, dass er/sie nicht jederzeit erreichbar ist. Der/die Ratsuchende sollte wissen, wann eine geschriebene Mail voraussichtlich gelesen wird und wann mit einer Antwort zu rechnen ist. Es ist schwer auszuhalten, wenn man bei einem hohen Leidensdruck auf eine Antwort wartet und nicht weiß, wann diese kommen wird. Je mehr Klarheit und Verlässlichkeit seitens der Beratungsperson bestehen, umso leichter fällt es dem/der Ratsuchenden, Geduld zu üben und abzuwarten.

Selbst in dringlichen oder dramatischen Beratungssituationen ist es ratsam, sich als Berater*in nicht dazu verführen zu lassen, zu schnell zu reagieren oder in einen Dialog mit mehreren hin- und hergeschriebenen Mails in einem kurzen Zeitraum zu geraten. Ein solcher hochfrequenter Dialog ist nicht leistbar, da die Onlineberatung nur ein Teilaspekt des Arbeitsfeldes des/der Berater*in ist. Außerdem ist Mailberatung auch keine zeitgleiche

Kommunikationsform wie die Face-to-Face-Beratung oder der Chat. Sie ist eher vergleichbar mit dem traditionellen Briefeschreiben. Ein Brief wird geschrieben, er kommt beim Adressaten an, wird von diesem/dieser gelesen, vielleicht auch mehrfach, und wenn er/sie ausreichend Zeit und Muße hat, in Ruhe beantwortet. So bleibt - im Unterschied zu der eher aufgeregten, hektischen und häufig zu Missverständnissen und Irritationen führenden Kommunikation in den sozialen Medien - die Mailberatung ein „ruhiges" Medium, das jeder Seite Zeit lässt, das Geschriebene des Gegenübers sacken zu lassen, es zu verarbeiten und mit Abstand und Bedacht darauf zu reagieren.

Wenn die zeitliche Perspektive („Wann kann ich mit einer Antwort rechnen?") nicht klar kommuniziert ist und eine Berater*in einmal kurzzeitig, vielleicht sogar mehrmals am Tag reagiert und zurückschreibt, sich beim nächsten Mal aber vielleicht eine Woche mit der Antwort Zeit lässt, kann dies den jungen Menschen irritieren. Es entsteht Raum für Spekulationen („Mag er/sie mich nicht mehr?" - „Habe ich was falsch gemacht?" - „Findet er/sie das nicht so wichtig oder interessant, was ich geschrieben habe?"). Solche Spekulationen - besonders wenn sie nicht thematisiert werden - können die Beratungsbeziehung belasten oder sogar gefährden. Eine sichere, stabile Beratungsbeziehung ist dann am ehesten zu erwarten, wenn der Rahmen klar kommuniziert und vereinbart ist und wenn Ausnahmen (z.B. in akuten Krisensituationen) ebenso deutlich als Ausnahmen gekennzeichnet und begründet werden. Ein verlässlicher, sicherer Rahmen ist ein wesentliches Fundament von erfolgreicher Beratung - sowohl in der Onlineberatung als auch in der Face-to-Face-Beratung.

Gegen ein zu hochfrequentes Schreiben in der Mailberatung spricht außerdem, dass die Gefahr, sich von der Mailberatung bzw. dem/der Berater*in abhängig zu machen, steigt. Das Schreiben von E-Mails und das Warten auf Antworten kann Suchtpotential entfalten. Das wäre jedoch nicht zielführend. Ziel und Kennzeichen von erfolgreicher Beratung ist die Hilfe zur Entwicklung - Entwicklung zu Eigenständigkeit, Selbstverantwortlichkeit und emotionaler Unabhängigkeit. Beratungsangebote dürfen nicht zu einer Verstärkung von Abhängigkeitsstrukturen führen. Ein Ziel jeglicher Beratung sollte sein, dass der junge Mensch unabhängig von professioneller Hilfe wird.

Online-Mailberatung ist eine effektive und gern genutzte Alternative, wenn Jugendliche und junge Erwachsene keine Vor-Ort-Beratung in Anspruch nehmen. Die Gründe dafür können vielfältig sein:

- Es gibt in der Stadt bzw. dem Landkreis, in dem der/die Betreffende wohnt, kein Beratungsangebot, das sich speziell an junge Menschen wendet.
- Eine Beratungsstelle ist nur schwer oder gar nicht erreichbar, weil die öffentlichen Verkehrsverbindungen unzureichend sind, die Fahrtzeit zu lang oder die Fahrtkosten zu hoch sind.
- Online-Mailberatung wird einer Face-to-Face-Beratung vorgezogen, weil sie kontrollierbarer und weniger verunsichernd ist als das persönliche Gespräch.
- Die Beratung kann unkompliziert und kurzfristig begonnen werden.
- Besonders für sozial ängstliche junge Menschen bietet die Onlineberatung eine attraktive, niedrigschwellige Alternative zur Vor-Ort-Beratung.
- Die Kommunikation über das Internet ist jungen Menschen vertraut. Sozialer Austausch findet häufig schriftlich über soziale Medien statt. Auf diese Weise kommunizieren sie im Alltag auch mit Freund*innen und Partner*innen.

Die Online-Mailberatung wurde im Jahr 2021 von insgesamt 604 jungen Menschen in Anspruch genommen (vgl. bke-Onlineberatung 21, 2022, S. 5). Diese schrieben insgesamt 8.432 Nachrichten. Über die Jahre hat sich die Onlineberatung der bke zu einem viel genutzten und wirksamen Unterstützungsangebot für junge Menschen entwickelt. Beratung nach § 28 SGB VIII wird schnell, unkompliziert und effizient geleistet. Damit wirkt das Beratungsangebot der bke niedrigschwellig und präventiv. Es bildet einen wichtigen Eckpfeiler der psychosozialen Versorgungsstruktur für junge Menschen.

Während in der Face-to-Face-Beratung in der Regel Wert daraufgelegt wird, dass nicht parallel zur Jugendberatung noch eine weitere Beratung oder Psychotherapie stattfindet, gilt dieses Kriterium in der bke-Onlineberatung nicht. Viele der Klient*innen der Onlineberatung berichten, dass sie vor Ort in Beratung bzw. in ambulanter oder stationärer Psychotherapie sind. Teilweise schreiben sie in diesem Zusammenhang auch über Probleme, die mit ihrer Vor-Ort-Beratung oder -Therapie zusammenhängen.

Es kann durchaus sein, dass Onlineberatung als zusätzliches Angebot zu einer bereits bestehenden Hilfe vor Ort sinnvoll ist. Sie kann diese ergänzen und zusätzliche Unterstützung und Stabilisierung zwischen den Vor-Ort-Terminen bieten. Gerade für emotional labile Klient*innen kann die

Mailberatung ebenso wie der Gruppenchat oder das Forum eine stabilisierende Funktion haben.

Auf der anderen Seite besteht jedoch die Gefahr, dass „viele Köche den Brei verderben". Unterschiedliche Berater*innen, die unterschiedliche, vielleicht sogar gegensätzliche Interventionen bei einem/einer Klient*in vornehmen, können diesen/diese irritieren und verwirren, mögliche Zweifel verstärken oder Widerstände forcieren. So wichtig es bei medizinischen Problemen auch sein kann, eine „zweite Meinung" einzuholen, so schwierig kann es sein, wenn dies im Bereich von psychologischer Beratung oder Therapie geschieht. Gerade bei psychisch belasteten und verunsicherten jungen Menschen kann dies unter Umständen eine problematische Wirkung haben. Da wegen der Anonymität der Onlineberatung auch nicht die Möglichkeit zum fachlichen Austausch zwischen den in einem Fall tätigen Fachkräften besteht, lassen sich entsprechende Widersprüche - so sie denn auftreten - kaum klären. Es empfiehlt sich daher als Onlineberater*in, im Falle einer „Doppelberatung" vorsichtig und zurückhaltend zu sein - wohl wissend, dass die Wahrnehmung des jungen Menschen über die Vor-Ort-Beratung oder - Therapie subjektiv verzerrt sein kann und möglicherweise auch krankheitsbedingt ist.

In den Fällen, in denen sich das Therapie- oder Beratungsangebot vor Ort und die Onlineberatung inhaltlich ergänzen, kann die zusätzliche Begleitung jedoch den Stabilisierungsprozess und somit den Entwicklungsprozess des jungen Menschen fördern.

4.3 Chatberatung

Neben der Einzelberatung per E-Mail gibt es im Rahmen der Jugendberatung der bke gruppenbezogene Beratungsangebote. So werden zu festgelegten und auf der Homepage bekannt gemachten Zeiten Gruppenchats angeboten. Diese finden sowohl als offene Chats ohne Themenvorgabe als auch als themenbezogene Chats (z.B. zu den Themen Sucht, Trennung der Eltern, Essstörungen, Einsamkeit, Geschlechtsidentität) statt. Teilweise werden dabei externe Experten (z.B. eine Hebamme) hinzugezogen. In dem vorgesehenen Zeitraum können sich Nutzer*innen in die Chats einchecken und sich dort in Begleitung durch eine erfahrene Fachkraft schriftlich miteinander austauschen. Die Chats haben den Charakter einer Selbsterfahrungsgruppe. Die Beratungsfachkraft hat die Aufgabe, den Gruppenprozess zu strukturieren und den Gruppenteilnehmer*innen fachlich zur Seite zu stehen. Falls erforderlich, wirkt sie auf Teilnehmer*innen bei Nichteinhaltung der

„Chatiquette" ein. Unter Umständen muss sie auch disziplinarisch tätig werden (z.B. durch Ausschluss von der weiteren Teilnahme an der Chatgruppe).

Das Chatangebot wird häufig in Anspruch genommen und hat bei vielen Nutzer*innen einen hohen Stellenwert. Im Jahr 2021 gab es im Bereich Jugendberatung 436 Chats mit insgesamt 3.737 Teilnehmer*innen - wobei die meisten jungen Menschen mehrfach an den jeweiligen Chatgruppen und teilweise auch in mehreren Chatgruppen teilnehmen. Hier trifft sich die „Beratungscommunity", die Teilnehmer*innen kennen sich häufig, tauschen sich aus, stellen sich selbst und ihre Problematik dar, bemühen sich, gemeinsam Wege zur Veränderung zu finden und sich bei der Bewältigung von Problemen gegenseitig zu unterstützen. Die Chatgruppen bieten eine soziale Plattform unter fachkundiger Anleitung und Begleitung. Damit werden unkontrollierte Beeinflussung, falsche oder gefährdende Informationen und schädigende Gruppenprozesse weitgehend vermieden.

Eine Gefahr des Chatangebotes kann darin liegen, dass sich junge Menschen eine Art „Paralleluniversum" schaffen. Die häufige Präsenz in den Chatgruppen - oder auch in der Mailberatung und den Foren - kann Tendenzen verstärken, das soziale Leben immer mehr virtuell und immer weniger vor Ort in den realen sozialen Zusammenhängen stattfinden zu lassen. Man kennt sich in den Chatgruppen, springt von der einen zur nächsten Gruppe, trifft dort teilweise dieselben Leute wieder und lebt überwiegend in seiner digitalen Realität - nicht in der analogen.

Solche Entwicklungen sind nicht zielführend und wirken eher einer kompetenten Teilhabe am gesellschaftlichen Leben entgegen. Um dieser Entwicklung zu begegnen, wird seit einigen Jahren die Teilnahme eines/einer Nutzer*in auf lediglich eine Chatgruppe pro Tag beschränkt. Wie generell bei der Nutzung digitaler Medien lässt sich auch bei einem Internet-Beratungsangebot dennoch das Risiko einer zu starken Fixierung nicht völlig ausschließen. Ähnlich gibt es dieses Risiko jedoch auch hinsichtlich einer möglichen Fixierung auf eine Präsenzberatung. Letztendlich ist nicht das Medium der entscheidende Faktor, sondern die Persönlichkeit des jungen Menschen. Aufgabe der Berater*innen ist es, mögliche Gefährdungen zu erkennen und zu thematisieren.

4.4 Foren

Die Foren für Jugendliche und junge Erwachsene sind im Unterschied zu den Chatgruppen ständig erreichbar. Die Foren sind öffentlich, d.h. sie können von jedem/jeder Nutzer*in - also auch von nicht registrierten Teilnehmer*innen - gelesen werden. In den Foren werden sowohl allgemeine Themen diskutiert als auch persönliche Problemlagen beschrieben. Sowohl die das Forum betreuende bke-Berater*innen als auch die jugendlichen Nutzer*innen der Foren gehen mit Kommentaren und Anregungen auf die Beiträge ein. Das Themenspektrum ist sehr breit, jeder/jede registrierte Nutzer*in kann sowohl eigene Themen eröffnen als auch zu einem bereits bestehenden Thema im Forum Stellung beziehen. Themenbeispiele sind: Stress, Angst, Essprobleme, Selbstverletzung.

Bei Verstößen gegen die Regeln oder die Netiquette (wie Beleidigungen, Hasskommentaren, diskriminierenden Äußerungen) werden kurzfristig die entsprechenden Kommentare seitens der betreuenden bke-Berater*innen entfernt. Falls erforderlich, können auch weitere Maßnahmen - wie die Sperrung einzelner User*innen für bestimmte Angebote - erfolgen, um die anderen User*innen zu schützen.

Im Unterschied zu den Chatgruppen wird auf Forumsbeiträge nicht unmittelbar wie bei einem Gespräch reagiert, da sich die Teilnehmer*innen nicht zu einer gemeinsamen Zeit zum Austausch verabredet haben.

4.5 Einzelchat

Im Einzelchat können persönliche Probleme und Fragen mit einem/einer Berater*in besprochen werden. Zu vorgegebenen Zeiten werden von Montag bis Freitag „Offene Sprechstunden" angeboten. Die jungen Menschen nehmen in der „virtuellen Wartezone" Platz und werden dort zu einem Einzelchat mit einer/einem Berater*in in Echtzeit eingeladen. Die Kommunikation erfolgt jedoch nicht im mündlichen Gespräch, sondern im Austausch schriftlicher Äußerungen.

Der Einzelchat ist besonders dann sinnvoll, wenn der unmittelbare Austausch in einem virtuellen „Gespräch" gesucht wird. Im Unterschied zum Gruppenchat hat es der junge Mensch im Einzelchat nur mit einer Person als Gegenüber zu tun. Das kann angstreduzierend sein und ermöglicht dadurch bei einigen Nutzer*innen mehr Offenheit. Es ist auch möglich, Einzelchats mit immer dem/der gleichen Berater*in zu festen Zeiten zu vereinbaren.

4.6 Angebotsvielfalt

Das Angebot der bke-Onlineberatung für Jugendliche und junge Erwachsene ist sehr vielfältig. Den jungen Menschen wird es dadurch ermöglicht, sich auf das zu ihnen und ihrer Problemlage jeweils passende Beratungsangebot zu fokussieren.

Zusammenfassend betrachtet entsprechen den Online-Beratungsangeboten folgende analoge Prozesse:

- Die Mailberatung ist vergleichbar dem gegenseitigen Schreiben von persönlichen Briefen.
- Der Gruppenchat entspricht einer Diskussionsrunde.
- Das Forum stellt eine Art Schwarzes Brett dar, auf dem Nachrichten und Kommentare zu ausgehängten Themen oder Fragen hinterlassen werden können.
- Der Einzelchat ist vergleichbar einem Arztbesuch oder einem Beratungsgespräch.

Die bke-Onlineberatung stellt ein wichtiges, mittlerweile unverzichtbares Element der Beratung nach § 28 SGB VIII in Deutschland dar, sowohl als Ergänzung zu anderweitigen beraterischen oder therapeutischen Angeboten als auch als eigenständige Alternative zur Face-to-Face-Beratung.

Auf die vielen weiteren Anbieter von Onlineberatung im Bereich junger Menschen kann an dieser Stelle nicht weiter eingegangen werden. Diese unterscheiden sich sowohl hinsichtlich des Konzeptes (professionelle oder ehrenamtliche Berater*innen, Peer-to-Peer-Beratung) als auch der Seriosität (bezogen auf Qualifikation, Supervision, fachliche Begleitung, Sicherstellung der Datenschutzbestimmungen) und müssten jeweils unter Prüfung von Qualitätsanforderungen analysiert werden. Das sprengt den Rahmen dieses Buches. Die Onlineberatung der bke entspricht jedoch den hohen fachlichen Kriterien, die die bke für die Erziehungs-, Familien- und Jugendberatung der in ihr vertretenen Mitglieder und Beratungseinrichtungen formuliert hat. Die bke-Onlineberatung ist den Anforderungen des § 28 SGB VIII verpflichtet.

Schlusswort

37 Jahre Jugendberatung - für mich war das Beruf und Berufung zugleich. Vom ersten bis zum letzten Tag habe ich mich gerne auf die Klient*innen eingestellt und eingelassen. Das war genau mein Ding.

Ich freue mich, dass ich viele Klient*innen eine Etappe auf ihrem Lebensweg begleiten durfte und dabei einiges bewirken konnte. Die Faszination, wie sich junge Menschen vom Kind zum Erwachsenen entwickeln und welche Hürden sie auf diesem Weg meistern, hat mich bis zum Schluss nicht losgelassen. Jeder Mensch ist einzigartig - das Einlassen auf diese Einzigartigkeit hat mich immer wieder neugierig und offen für die Ratsuchenden sein lassen.

Die Kooperation innerhalb des Teams und des Trägervereins BEJ sowie mit anderen Einrichtungen gehörte zu den Grundlagen meines beruflichen Selbstverständnisses - nur gemeinsam lässt sich Gutes bewirken. Ich bin froh und dankbar für die vielen beruflichen Beziehungen, die sich im Laufe der Zeit entwickelt haben - sowohl in der konkreten Beratungsarbeit als auch bei der strukturellen Zusammenarbeit im psychosozialen Bereich.

Die Beratungsarbeit mit jungen Menschen, die noch zu Beginn ihres selbstständigen Lebensweges stehen und auf diesem Weg Unterstützung und Beistand suchen, war für mich sehr erfüllend. Junge Menschen, die in aller Regel aus eigener Motivation etwas verändern wollen, die ihre Unzufriedenheit oder ihr Unglücklichsein nicht hinnehmen und akzeptieren, sondern die ihr Leben aktiv in die Hand nehmen, sich selbst verwirklichen und Selbstwirksamkeit erfahren wollen - mit diesen jungen Menschen zu arbeiten, ihnen aktiv „Entwicklungshilfe" leisten zu können, dies hat meinem beruflichen Leben Sinn verliehen.

Nicht alles verlief erfolgreich. Es gab Beratungsabbrüche, enttäuschte Klient*innen, die sich anderes von der Beratung erhofft hatten, manchmal auch verärgerte Ratsuchende. Auch das gehörte dazu. Eine Beratungsstelle bewegt sich im Rahmen von gesellschaftlichen, rechtlichen und finanziellen Bedingungen, die manchmal nicht kompatibel mit den Wünschen und Zielen der Klientel ist. Diese Konfrontation mit dem Realitätsprinzip war bisweilen schmerzhaft und enttäuschend.

Ich musste auch die Erfahrung machen, dass nicht alles heilbar und durch „Nachbeelterung" kompensierbar ist. Jugendliche, die entmutigt, psychisch geschädigt oder bereits auf dem Weg in eine Suchtkarriere waren, begegneten mir in den Jahren ebenso wie Klient*innen, denen es nicht gelang, ihre Einsichten und Erkenntnisse in Handeln umzusetzen. Es gehörte mit zu meinen beruflichen Erfahrungen, mit den Grenzen von Heilung und Veränderung konfrontiert zu werden.

Ganz besonders und bitter traf das in den beiden Fällen zu, bei denen ich Klientinnen nicht retten konnte. Trotz bekannter Gefährdung und intensiver Beratung gelang es nicht, die Beiden vom Suizid abzuhalten. Ich musste die Erfahrung machen, dass mein Einfluss als Berater begrenzt ist - und dass letztendlich der junge Mensch selbst über sein bzw. ihr Leben entscheidet. Hilfe zur Entwicklung - das ist ein Angebot, das auch abgelehnt werden kann.

Umso ermutigender dagegen sind die gelungenen Beratungen. Die Beratungen, die eine Lebensbegleitung über einen längeren Zeitraum und damit echte „Entwicklungshilfe" darstellten, die Nachbeelterung und Nachsozialisation für die jungen Klient*innen bedeuteten. Drei von ihnen lasse ich zum Schluss zu Wort kommen - in ihren eigenen Worten, die sie zum Abschied geschrieben haben. Die Namen sind selbstverständlich geändert.

Maria

Ich möchte Ihnen ein letztes Mal für alles danken. Ich danke Ihnen sehr dafür, dass Sie stets ein offenes Ohr für mich hatten und ich bei Ihnen stets einen Platz für all meine Sorgen gefunden habe.

In all den Jahren haben Sie mir einen sicheren Hafen geboten, ohne Verurteilungen und Beschuldigungen. Sie haben mich durch meine dunkelsten Zeiten begleitet, die ich vermutlich niemals ohne Sie überstanden hätte.

Dank Ihnen bin ich heute für das Leben gewappnet, bin offen für neue Perspektiven und kann mich sogar ein klein wenig leiden. ;)

Vielen Dank, dass Sie an das Gute in mir geglaubt haben.

Für mich sind Sie ein großartiger Berater und ein Vorbild. Ich hoffe, ich bewahre mir meine Empathie und den Spaß an meinem Beruf, wie Sie es getan haben.

Vielen Dank, dass ich ein Teil Ihres Berufslebens sein durfte.

Danke, dass Sie mein Leben gerettet haben.

Lara

Im ersten Gespräch habe ich gleich gemerkt, bei dir läuft's anders (als in der vorigen Beratung, d. Verf.). Ich habe mich provoziert gefühlt, aus dem Häuschen gelockt. Von passiv und Weinen zu aktiv und Handeln. Du hast mir noch mal auf so vieles eine neue Perspektive gegeben.

Ich möchte danke sagen, danke dass du mich ein Teil meines Lebens begleitet hast. Danke für deine Gedanken, Fragen, Perspektiven.

Vielleicht hast du dafür gesorgt, dass dieser Abschied mir gar nicht so schwer fällt. Und das, obwohl Abschied nicht so mein Ding ist.

Aber ich fühle mich sicher. Sicher meine Zukunft mit Höhen und Tiefen allein zu meistern.

Danke

Greta

Vielen Dank für alles, was Du für mich getan hast.

Ohne Dich würde ich sicher nicht mehr leben.

Danke, danke, danke.

Es sind solche Rückmeldungen, die mit zu meiner Überzeugung beitragen:

Es gibt einen Bedarf an eigenständiger Jugendberatung und diese kann mindestens hilfreich und manchmal sogar existentiell notwendig sein.

Literaturverzeichnis

Berngruber, A., Gaupp, N., Beierle, S., Gille, M., Grunert, C., Harring, M., Hefner, D., Herding, M., Keller, B., Klein-Zimmer, K., Knop, K., Krell, C., Lange, M., Lange, A., Lüders, C., Mögling, T., Pluto, L., Reißig, B., Schels, B., Zschach, M. (2021). *Erwachsenwerden heute: Lebenslagen und Lebensführung junger Menschen* (1. Aufl.). W. Kohlhammer GmbH.

Bundeskonferenz für Erziehungsberatung e.V. (bke), bke. (2022). *bke-Onlineberatung 21.* https://www.bke.de/sites/default/files/medien/dokumente/bke_onlineberatung_bericht_2021_online.pdf

Deutscher Bundestag, Drucksache 19/26107. (2021, 25. Januar). bundestag.de. https://dserver.bundestag.de/btd/19/261/1926107.pdf

Kunkel, P. (2014). *Sozialgesetzbuch VIII: Kinder- und Jugendhilfe* (5. Aufl.). Nomos.

Maßnahmen zum Schutz personenbezogener Daten bei der Übermittlung per E-Mail. (2021, 16. Juni). https://www.datenschutzkonferenz-online.de/media/oh/20210616_orientierungshilfe_e_mail_verschluesselung.pdf

Menne, K. (2009). *Rechtsgrundlagen der Beratung: Empfehlungen und Hinweise für die Praxis.* Bundeskonferenz für Erziehungsberatung.

Münder, J., Meysen, T. & Trenczek, T. (2022). *Frankfurter Kommentar SGB VIII: Kinder- und Jugendhilfe* (9. vollständig überarbeitete). Nomos.

QS EB Qualitätsstandards für die Erziehungs-, Familien- und Jugendberatung. (2022). https://www.bke.de/sites/default/files/medien/dokumente/buecher/1645023762_QSEB.pdf

Quenzel, G. & Hurrelmann, K. (2018). *Handbuch Bildungsarmut* (1. Aufl. 2019). Springer VS.

Quenzel, G. & Hurrelmann, K. (2022). *Lebensphase Jugend: Eine Einführung in die sozialwissenschaftliche Jugendforschung (Grundlagentexte Soziologie)* (14. Aufl.). Beltz Juventa.

Rahm, D. (2011). *Gestaltberatung: Grundlagen und Praxis integrativer Beratungsarbeit. Überarbeitete Neuauflage* (10. Aufl.). Junfermann Verlag.

Rahm, D., Ruhe-Hollenbach, H., Bosse, S. & Otte, H. (1993). *Einführung in die Integrative Therapie: Grundlagen und Praxis* (4. Aufl.). Junfermann Verlag.

Übersicht über die wichtigsten Änderungen im Kinder- und Jugendhilferecht. (o. D.). Abgerufen am 3. November 2022, von https://wzsdigital.de/ce/uebersicht-ueber-die-wichtigsten-aenderungen-im-kinder-und-jugendhilferecht-2021/detail.html

Wiesner, R., Wapler, F., Dürbeck, W., Elmauer, E., Gallep, S., Kölch, M., Kukielka, K., Loos, C., Meiner-Teubner, C., Schön, M., Schweigler, D., Steinbüchel, A., Struck, J. & Walther, G. (2022). *SGB VIII: Kinder- und Jugendhilfe (Gelbe Erläuterungsbücher)* (6. Aufl.). C.H.Beck.

Kontakt

Für weiterführende Informationen und Rückmeldungen stehen gerne zur Verfügung:

Holger Barkhau
www.barkhau.de
holger@barkhau.de

Jugendberatung bib
www.jugendberatung-bib.de
jugendberatung-bib@b-e-j.de

Träger: Beratung für Familien, Erziehende und junge Menschen e.V. (BEJ)

Danksagung

Ich bedanke mich herzlich bei allen, die mir Mut gemacht haben und mich bei der Erstellung dieses Buches unterstützt und beraten haben:

- Silke Naudiet, der Geschäftsführerin der bke, die mich auf die Idee gebracht hat, meine beruflichen Erfahrungen niederzuschreiben

- Rainer Borchert, dem stellvertretenden Vorsitzenden der bke, der mich seitens der bke konstruktiv und wohlwollend begleitet, beraten und mit mir zusammen nach konstruktiven Lösungen gesucht hat

- Herbert Schilling, dem wissenschaftlichen Referenten der bke, für die kritische Durchsicht und das konstruktive Feedback

- Hans-Georg Göres, dem ehemaligen Geschäftsführer des Trägervereins BEJ, für seine fachliche Begleitung und seine kritisch-konstruktiven Kommentare

- Thomas Herold, dem Geschäftsführer des BEJ, für die wohlwollende Unterstützung durch den Trägerverein der Jugendberatung bib

- Christiane Wagner-Judith, meiner Lektorin

- Bertold Brücher, meinem juristischen Berater

- Ulrike Giebert, meiner ehemaligen Kollegin, für das Update bei der bke-Onlineberatung

- vielen Kolleg*innen für hilfreiche und anregende Gespräche, Anregungen und Ermutigungen

- meiner Frau Anna für ihre kritische Begleitung, Ermunterung, Rücksichtnahme und Geduld mit mir.

Wie in meinem beruflichen Leben war auch bei der Erstellung dieses Buches die Vernetzung eine wesentliche und unverzichtbare Hilfe. Für dieses berufliche und persönliche Netz bin ich allen Beteiligten sehr dankbar.

Holger Barkhau